D0873629

ROBERT T. KIYOSAKI
CON SHARON L. LECHTER

Guía para hacerse rico
sin cancelar sus tarjetas de crédito

punto de lectura

GUÍA PARA HACERSE RICO
Título original: *Guide to Becoming Rich*
Publicado originalmente por Warner Books en asociación
con CASHFLOW Technologies, Inc.
D.R. © Robert T. Kiyosaki y Sharon L. Lechter, 2001
D.R. © Traductor: Rubén Heredia Vázquez

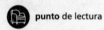 **punto** de lectura

De esta edición:

D.R. © Santillana Ediciones Generales, SA de CV
Av. Río Mixcoac 274, Col. Acacias
CP 03240, México, D.F.
Teléfono: 54-20-75-30
www.puntodelectura.com.mx

Primera edición en Punto de Lectura (formato MAXI): mayo de 2007
Sexta reimpresión: septiembre de 2011

ISBN: 978-970-812-018-0

Adaptación de cubierta: Carolina González Trejo
Composición tipográfica: José Manuel Caso-Bercht

Impreso en México

ROBERT T. KIYOSAKI
CON SHARON L. LECHTER

Guía para hacerse rico
sin cancelar sus tarjetas de crédito

Convierta la "deuda mala" en "deuda buena"

Índice

Introducción

La verdadera pregunta es:

¿Quién no quiere ser millonario?

Hace poco, el programa de televisión más popular en Estados Unidos era *Who Wants to Be a Millonaire (¿Quién quiere ser millonario?)*. Fue un éxito inmediato no sólo allí sino en todo el mundo, y contaba con diferentes conductores en diversos países. Todo lo que usted tenía que hacer era responder una serie de preguntas, y con cada respuesta correcta ganaba más dinero, ¡hasta llegar al premio mayor de un millón de dólares!

La pregunta: "¿Quién quiere ser millonario?" se volvió un eslogan muy popular en todas partes. Pero aceptémoslo, tanta fijación de los programas televisivos por el dinero, el enriquecimiento, los millonarios de la bolsa de valores y los enormes premios de la lotería nos lleva a preguntarnos: "¿Quién *no* quiere ser millonario?"

En efecto, es posible ganar un millón de dólares en un programa de concursos. También se pueden obtener millones de dólares al ganar la lotería. Y también es posible convertirse en millonario al invertir en una oferta pública inicial (IPO, por sus siglas en inglés). Así, usted podría retirarse con una cuantiosa fortuna por el resto de su vida. En verdad, hoy existen más formas de enriquecerse que en cualquier otra época de nuestra historia. Tal vez a eso se deba la manía internacional por la idea de *hacerse rico:* "Cuanto más rápido, mejor."

Hace poco hablé en televisión sobre mi libro, *Padre Rico, Padre Pobre.* La entrevistadora me preguntó: "Vamos, ¿por qué no nos dice la verdad? ¿Acaso no escribió este libro para aprovechar la manía por enriquecerse rápido, que está inundando a la nación?"

Su pregunta en verdad me sorprendió y casi me dejó sin habla. Después, al recuperarme del desconcierto, respondí: "Mire, yo nunca lo vi de esa manera pero puedo ver por qué usted piensa que yo escribiría un libro sólo por esa razón. Me gustaría poder decir que soy lo bastante listo como para publicar mi libro en este preciso momento de la historia, pero me temo que no lo soy. Lo escribí porque quería contar la historia de las lecciones financieras que aprendí de mis dos padres, el pobre y el rico."

Cuando escribí el libro en 1997, todas las librerías y distribuidoras de libros a las que acudí lo rechazaron. Por cierto, en 1997, *¿Quién quiere ser millonario?* aún no se transmitía por televisión. Hice una pausa y dije: "En realidad, mi libro representa justo el mensaje opuesto a esos programas de concursos, millonarios de la bolsa de valores y loterías." Volví a detenerme un momento para pensar y proseguí: "Hoy existe una verdadera fiebre por enriquecerse rápido, y aunque mi libro trata sobre el enriquecimiento, *no* propone la idea de enriquecerse rápido."

La conductora asintió con la cabeza y puso una sonrisita escéptica. "Entonces, si no forma parte de esta fiebre por hacerse rico de la noche a la mañana, ¿qué propone?, ¿hacerse rico poco a poco?"

Pude sentir su ironía y eso me provocó. Al encontrarme frente a millones de televidentes, yo debía tratar de mantener la calma. Así que forcé una risita ahogada en respuesta a su comentario mordaz y dije: "No, el tema de mi libro no es cómo enriquecerse rápido ni cómo enriquecerse lento." Entonces sonreí y esperé a que me hiciera la siguiente pregunta. El silencio era mortal pero me mantuve lo más firme y sereno que pude mientras esperaba su siguiente movimiento.

Ella sonrió y preguntó: "Entonces, ¿de qué trata su libro?"

Yo sonreí y respondí: "Trata acerca del precio de hacerse rico."

"¿El precio?", respondió. "¿A qué se refiere con *el precio*?"

Mientras ella hacía esta pregunta, el productor le indicó que se había acabado el tiempo. Entonces ella me apresuró a dar la respuesta y concluí la entrevista diciendo: "Casi todos deseamos hacernos ricos. El problema es que muy pocas personas están dispuestas a pagar el precio."

Y la entrevista terminó. La anfitriona me dio las gracias y pasaron los anuncios finales. El problema fue que nunca respondí cuál era, según yo, el precio para convertirse en millonario. Este libro responde a la pregunta que no se contestó en aquella entrevista televisiva.

¿Quién paga el precio?

El Departamento de Salud, Educación y Bienestar de Estados Unidos siguió los casos de varias personas desde que tenían 20 años hasta que cumplieron 65. Sus hallazgos fueron los siguientes:

A los 65 años, de cada 100 personas:

1 era muy rica
4 eran acomodadas
5 aún tenían que trabajar por necesidad
54 vivían con apoyo de su familia o del gobierno
36 ya habían muerto

Además, de ese uno por ciento de personas muy ricas, más de 35 por ciento había recibido su fortuna como herencia, al igual que una gran proporción de ese cuatro por ciento de personas acomodadas. Como nota adicional, la revista *Forbes* define a los ricos como individuos con un ingreso anual de más de un millón de dólares.

El auge económico de la última década del siglo XX produjo un aumento en el número de personas ricas y acomodadas. Sin embargo, la pregunta aún es: ¿qué hizo ese cinco por ciento de ricos que no hicieron los demás? ¿Cuál fue la diferencia en el precio que pagó ese cinco por ciento y que los otros no pagaron?

¿Tener una casa grande lo convierte en rico?

Cuando era joven, solía pasar en auto con mi padre rico frente a la casa de un compañero de clase, ubicada en un

12

vecindario muy lujoso. Yo le pregunté a mi padre rico si el padre de mi compañero era rico. Él rió y me respondió: "Tener un trabajo bien pagado, una casa grande, buenos autos y vacaciones costosas no significa que seas rico. De hecho, un estilo de vida lujoso no quiere decir que seas listo o bien educado. Podría revelar justo lo contrario."

La mayoría de nosotros somos lo bastante listos para entender lo que mi padre rico quería decir con tal afirmación. Sin embargo, creo que una de las razones por las que tanta gente juega a la lotería de manera tan fervorosa es que también quisiera poseer una casa grande y bonita, autos caros y demás juguetes que el dinero puede comprar. Aunque es posible ganar millones en la lotería, las posibilidades reales de hacerlo son en extremo escasas. Así como una casa grande no significa por fuerza que seas rico, sentarse a ver un programa de concursos o apostar a los números de la suerte no es el precio que la mayoría de los ricos pagan para convertirse en lo que son.

¿Cuál es el precio de convertirse en millonario?

Existen muchas maneras de volverse rico. Ganar la lotería o un programa de concursos son sólo dos ejemplos. Usted también puede volverse rico si es tacaño, si se convierte en ladrón o si se casa con una persona millonaria. Muchas personas se empeñan en buscar gente rica para casarse. Por supuesto, debo advertirle que cualquier método para alcanzar una gran riqueza tiene su costo, el cual no siempre se mide con dinero.

El *precio* de sentarse a ver un programa de concursos y de jugar a la lotería es que *la gran mayoría de los espectadores jamás se harán ricos, y ése es un precio demasiado alto*. Existen mejores formas de volverse rico con probabilidades mucho mayores. De hecho, existen algunas maneras de enriquecerse en las cuales la persona tiene las probabilidades a su favor para garantizar el éxito. El problema, insisto, es que casi nadie está dispuesto a pagar el costo. Y a eso se debe que, de acuerdo con el Departamento de Salud, Educación y Bienestar, tan sólo una de cada 100 personas se vuelve rica en el país más rico del mundo. Quieren ser millonarias pero no quieren pagar el precio.

Entonces, ¿a qué se refería mi padre rico con *el precio*? Utilizaré un ejemplo diferente para explicar el concepto de *precio*. ¿Qué pasaría si dijera que quiero tener un cuerpo como el de Arnold Schwarzenegger? Bueno, lo primero que casi todo el mundo me diría es: "Póngase sus tenis, corra cinco millas diarias, ejercítese en el gimnasio durante tres horas al día y deje de retacarse de pizza." Ante esto, yo preguntaría: "¿Existe alguna otra manera de tener un cuerpo como el de Arnold?" A esto me refiero con *el precio*. Hay millones de personas que desearían tener un cuerpazo, pero pocas de ellas están dispuestas a pagar el precio. Por ello ganan tanto dinero los anuncios que prometen cosas como: "Usted adelgazará sin dejar de comer todo lo que quiera. Tan sólo tome esta pastilla mágica", o "podrá lucir como esta hermosa modelo sin hacer ejercicio ni dieta". No importa que se trate de dinero, un cuerpo hermoso, buenas relaciones, la felicidad o cualquier cosa que deseemos los seres humanos, Madison Avenue siempre estará tapizada de anuncios que prometen la manera rápida y fácil de obtener lo que usted quiera. Sin embrago, la mayoría de los productos que promueven los anuncios no funcionan, y no por los productos en sí, sino porque la gente que los compra no está dispuesta a hacer lo que se indica en ellos (o a pagar el costo).

A menudo hago referencia al curso de inversión en bienes raíces que compré hace muchos años por 385 dólares después de ver un comercial televisivo. Recuerdo que estaba sentado en casa navegando por los canales del televisor cuando me topé con este anuncio. El comercial me animó a asistir a un seminario vespertino gratuito en el *Hilton Hawaiian Village*, un hotel de playa en Waikiki que se encuentra justo al lado del condominio en el que vivía. Llamé para reservar mi lugar en el seminario gratuito, asistí al evento y luego me inscribí al seminario de fin de semana de 385 dólares. En aquella época, yo cumplía servicio en el cuerpo de infantería de marina de Estados Unidos, así que invité a un compañero piloto al seminario de fin de semana. ¡No le gustó en lo absoluto! Dijo que era una tomada de pelo y una pérdida de tiempo, y pidió que le reembolsaran su dinero. Cuando volví al escuadrón me dijo: "Sabía que eso iba a ser un fraude. Nunca debí hacerte caso."

Mi experiencia fue completamente distinta. Salí del seminario, me llevé los libros y las cintas, los leí, los escuché, y he ganado millones de dólares con la información que aprendí ahí. Como me dijo un amigo varios años después: "El problema con tu amigo es que fue demasiado listo y no obtuvo nada del curso. Tú fuiste lo bastante tonto como para creerle al instructor y hacer lo que te enseñó."

Hoy, aún recomiendo a la gente que se inscriba en seminarios que enseñen los principios básicos para comprar bienes raíces, comenzar un negocio, invertir en la bolsa o lo que sea. A menudo, el público me pregunta: "Pero, ¿qué pasa si el curso no es bueno? ¿Qué tal si me estafan? ¿Qué ocurre si no aprendo nada? Además, no quiero mandar reparar baños ni recibir llamadas de los inquilinos a medianoche." Cuando escucho esta clase de comentarios, suelo responder: "Entonces es mejor que no asistas al seminario. De seguro será un engaño."

Mi experiencia me dice que mucha gente busca respuestas que mejoren su vida de alguna manera. El problema es que cuando las encuentran, no les gustan, del mismo modo en que a mí no me gusta la respuesta que dice: "Deje de retacarse de pizza y comience a levantar pesas durante tres horas al día." En otras palabras, hasta que no me guste la respuesta que obtengo, no se me concederá el deseo de tener un cuerpo como el de Arnold Schwarzenegger. La razón de que la mayoría de la gente no se vuelve rica es que simplemente no le gustan las respuestas que obtiene. Pero en mi opinión, eso tiene poco que ver con la respuesta; lo que no agrada a la persona es el precio que conlleva tal respuesta. Como decía mi padre rico: "Casi toda la gente quiere hacerse rica pero no quiere pagar el costo."

Ahora, en este libro, hablaré sobre el precio de hacerse rico sin tener que ser tacaño, inmoral, deshonesto o cónyuge de una persona rica. Usted aprenderá cómo ser rico sin privarse de un estilo de vida de muy alta calidad. Pero esto tiene un precio, y como mi padre rico solía decirme: "El precio de algo no siempre se mide con dinero." Compartiré con usted las respuestas que obtuve y el precio que pagué. Si no le gustan mis respuestas o las de mi padre rico, recuerde que existe más de una manera de enriquecerse, siempre habrá loterías y programas de concursos que preguntarán: "¿Quién quiere ser millonario?"

Capítulo 1

¿Cuál es el precio
de ser tacaño?

El precio de algo no siempre se mide con dinero.

PADRE RICO

Existen muchos libros que difunden la idea de la frugalidad y la austeridad. Muchos de los llamados *expertos en dinero* escriben, hablan o aparecen en radio y televisión para comentar las virtudes de cancelar sus tarjetas de crédito, ahorrar dinero, invertir lo más posible en su plan de retiro, comprar autos usados, vivir en una casa más modesta, recortar cupones, comprar en remates, comer en casa, pasar la ropa usada de los hijos grandes a los pequeños, tomarse vacaciones más económicas y otros consejos similares.

Aunque éstas son ideas excelentes para la mayoría de la gente y la frugalidad también tiene un sitio en la vida, a casi nadie le gusta escucharlas. La verdad es que a casi todas las personas les encanta gozar de las mejores cosas que el dinero puede comprar. Para la mayoría de la gente, tener una casa grande, un auto nuevo, juguetes sofisticados y vacaciones de lujo resulta mucho más atractivo que guardar su dinero en el banco. Casi todos tendemos a concordar con los sabios que profesan la austeridad y la abstinencia económica. No obstante, en el fondo, muchos de nosotros preferiríamos tener una tarjeta de crédito *platinum* sin límite de crédito, pagada, claro está, por un tío rico que tiene más dinero que todos los jeques petroleros árabes, los bancos privados suizos y Bill Gates juntos.

Aunque casi a todos nos gustan las cosas tan maravillosas que se pueden comprar con dinero, nos damos cuenta de que es el deseo incontenible de tener objetos divertidos, buenos y lujosos lo que más nos causa problemas económicos. Y son justo los problemas económicos engendrados por tales deseos lo que hace que los gurús del dinero digan: "Cancele sus tarjetas de crédito, viva con austeridad y compre un auto usado."

Por otro lado, mi padre rico *nunca* me dijo: "Cancela tus tarjetas de crédito", ni "vive con austeridad." No había razón alguna para que me aconsejara hacer algo en lo que él mismo no creía. Cuando surgió el tema de la frugalidad, lo que dijo fue: "Puedes hacerte rico si eres tacaño. El problema es que aún cuando ya seas rico, seguirás siendo tacaño." Después añadió: "No encuentro sentido a vivir en la avaricia para morir en la riqueza. ¿Por qué razón querrías vivir como un tacaño y morir rico sólo para que tus hijos gastaran los ahorros de toda tu vida después del funeral?" Mi padre rico notaba que las personas que escatiman y ahorran durante toda su vida, con frecuencia tienen hijos que actúan como hienas hambrientas cuando sus padres mueren. En lugar de disfrutar de la herencia de sus padres, suelen pelear por el dinero y gastarlo todo tan pronto como llega a sus manos eso que llaman su *parte justa*.

En vez de decirme que viviera con tacañería, mi padre rico solía decir: "Si deseas algo, averigua su precio y págalo." También decía: "Pero recuerda siempre que todo tiene un costo, y el costo de hacerte rico al ser tacaño es que seguirás siendo tacaño."

Puedes hacerte rico de diferentes maneras

Mi padre rico también me explicó: "Puedes volverte rico al casarte con alguien por su dinero. Pero todos sabemos el precio que esto conlleva. En Nueva York, yo tenía un compañero de clase que a menudo decía: 'Casarse con una chica rica es tan fácil como casarse con una chica pobre'. Cuando se graduó, se casó con una muchacha proveniente de una familia muy rica, tal como lo había prometido. Para mí, él era un hipócrita, pero ésa era su manera de hacerse rico."

También puede hacerse rico al convertirse en ladrón, y todos sabemos el precio de tal elección. Cuando era niño, pensaba que los ladrones usaban antifaz y robaban bancos. Hoy me doy cuenta de que hay muchos ladrones de traje y corbata que suelen ser miembros respetados de su comunidad.

Existen otras maneras de enriquecerse, como apostar en un casino o a las carreras, jugar a la lotería o invertir a ciegas en la bolsa de valores. Y de nuevo, ya conocemos el precio de esto. Durante la fiebre de las páginas de internet, conocí a muchas personas que me habrían firmado un cheque con sólo decirles: "Voy a iniciar un negocio de internet."

También puede enriquecerse si se convierte en extorsionador, y todos sabemos lo que les pasa a las personas de esa calaña. Tarde o temprano aparece alguien más abusivo y poderoso, o el extorsionador se da cuenta de que las únicas personas dispuestas a hacer negocios con él (o ella) son aquellas a las que les gusta que las maltraten.

Y como dije antes, usted puede volverse rico al ser tacaño, y todos sabemos que el mundo tiende a despreciar a las personas que son ricas y tacañas. Tan sólo recordemos a Scrooge, aquel personaje de *Un cuento de Navidad*, relato clásico de Charles Dickens. La mayoría de nosotros conocemos gente que siempre quiere regatear más, quejarse por las cuentas o, lo que es peor, rehusarse a pagarlas por las razones más insignificantes. Un amigo que tiene una tienda de ropa suele quejarse de los clientes que compran un vestido, lo usan en una fiesta y luego lo regresan a los pocos días, pidiendo la devolución de su dinero. Y, por supuesto, también hay personas que conducen autos usados, se ponen ropa demasiado vieja, compran zapatos baratos y tienen apariencia de pobres aún cuando guardan millones de dólares en el banco. Aunque estos individuos pueden enriquecerse por su avaricia, tal conducta los lleva a pagar un precio que está mucho más allá del dinero. A veces yo mismo he tenido problemas por ser demasiado tacaño, pero noto que la gente tiende a ser más amable conmigo cuando soy generoso. Por ejemplo, cuando doy una buena propina por un buen servicio, esto se me retribuye de otras maneras. En otras palabras, la gente generosa tiende a caer mejor que la gente mezquina.

¿Todos podemos ser ricos?

Mi padre rico y yo hablamos mucho acerca del precio de ser rico. Él me decía: "El precio es diferente para distintas personas."

También decía: "La única gente que piensa que la vida debería ser fácil es la gente floja."

Como yo no estaba convencido, le hice más preguntas. ¿A qué se refería con que el precio es diferente para distintas personas? Su respuesta fue: "Quiero pensar que todos venimos a este mundo con dones y talentos únicos. Podemos ser buenos para cantar, pintar, hacer deporte, escribir, ser padres, predicar, enseñar, etcétera. Pero aunque Dios nos haya dado esos talentos, de nosotros depende desarrollarlos. Y el precio que solemos pagar por dichos dones es el esfuerzo por desarrollarlos. El mundo está lleno de gente lista, hábil y talentosa que no conoce el éxito financiero, profesional o en sus relaciones personales. Aunque cada uno de nosotros tiene ciertos dones, todos tenemos retos personales que superar. Nadie es perfecto. Cada uno de nosotros tiene sus virtudes y defectos. Yo digo que el precio es diferente para distintas personas porque todos tenemos dificultades diferentes. La única gente que piensa que la vida debería ser fácil es la gente floja."

Yo no sé si la afirmación de mi padre rico sobre la gente floja es cierta o no. Lo que sí sé es que tal afirmación me ha ayudado mucho siempre que me sorprendo quejándome de que las cosas no son fáciles o no resultan como quiero. Siempre que me sorprendo con el deseo de que las cosas fuesen más sencillas, tomo un descanso, reviso mi actitud y me cuestiono sobre el costo a largo plazo de tener dicha actitud. Y no es que no busque una manera de facilitarme las cosas. Tan sólo soy consciente de los momentos en que tiendo a ser perezoso o tacaño, o que actúo como un niñito mimado, y entonces me pregunto cuál puede ser el precio que podría pagar por comportarme así.

El dinero es la recompensa por pagar el precio

Mi padre rico también diría: "Si le preguntas a cualquier persona que sea rica, famosa o que tenga mucho éxito en algo, estoy seguro de que te dirá que también ha tenido que enfrentar dificultades y demonios personales todos los días en su camino. Nada es gratis. Mi desafío fue el no haber contado con una educación ni con dinero cuando comencé. Además, al morir mi padre, yo tuve que hacerme cargo de mi familia. Cuando se me presentó ese reto, tan sólo contaba con 13 años y había otros retos más grandes por venir. Pese a todo, me las arreglé para pagar el precio y acabé por amasar una gran fortuna. En retrospectiva, veo que el dinero fue mi recompensa por pagar el precio."

El precio de la seguridad

A lo largo de los años, mi padre rico se aseguró de que su hijo Mike y yo siempre fuésemos conscientes del precio de las cosas. Cuando mi verdadero padre —el hombre al que llamo mi *padre pobre*— me aconsejó que buscara un empleo seguro, mi padre rico respondió: "Recuerda que la seguridad también tiene su precio." Cuando le pregunté cuál era ese precio, él contestó: "Para la mayoría de la gente, el precio de la seguridad es la libertad personal. Y sin libertad, mucha gente pasa su vida trabajando por dinero en vez de realizar sus sueños. Para mí, vivir sin alcanzar mis sueños es un precio demasiado alto que pagar a cambio de seguridad." También hizo su comentario habitual sobre los impuestos al decir: "La gente que prefiere la seguridad a la libertad paga más impuestos. A eso se debe que las personas que tienen un empleo seguro paguen más impuestos que los dueños de los negocios que proporcionan dichos empleos."

Yo pasé algunos días reflexionando sobre ese comentario para asimilar la idea en toda su magnitud. La siguiente ocasión en que vi a mi padre rico le pregunté: "¿Tengo que elegir entre la seguridad y la libertad? En otras palabras, ¿debo renunciar a una para tener la otra?"

Mi padre rico sonrió al percatarse de cuánto me había hecho pensar su afirmación. "No", respondió aún con risa. "No tienes que renunciar a ninguna. Puedes tener ambas."

"¿O sea que puedo tener tanto seguridad como libertad?", pregunté. "¿Cómo se pueden tener ambas si dijiste que la mayoría de la gente sólo tiene una? Cuál es la diferencia?"

"El precio", respondió. "Siempre te he dicho que todo tiene un precio. La mayoría de la gente está dispuesta a pagar el precio de la seguridad, pero no el de la libertad. Por eso casi todo el mundo tiene sólo una de las dos."

"¿Y por qué tú tienes ambas?" preguntó Mike, quien acababa de entrar al cuarto y había escuchado parte de la conversación.

"Porque pagué doble precio", dijo mi padre rico. "Estuve dispuesto a pagar tanto el costo de la seguridad como el de la libertad. Esto no es diferente a tener dos autos. Supongamos que necesito una camioneta pero también quiero un auto deportivo. Si deseo ambos, pago doble precio. La mayoría de la gente va por la vida pagando por uno o por otro, pero no por ambos."

"Nosotros pagamos *un* precio aún cuando no paguemos *el* precio", continuó.

"Entonces la seguridad tiene un costo y la libertad tiene otro, y tú pagaste ambos." Yo repetí lo que mi padre rico acababa de decir para dejar que la idea se asentara en mi mente.

Mi padre rico asintió con la cabeza. "Sí, pero déjenme añadir otro comentario para aclarar mi disposición a pagar ambos precios. Miren, de una u otra forma, todos pagamos un precio aún cuando no paguemos el precio."

"¿Qué?" respondí con el ceño fruncido y sacudiendo la cabeza. Ahora parecía que mi padre rico hablaba con puros rodeos.

"Permítanme explicarles", dijo mi padre rico mientras hacía un gesto con sus manos para que lo tomáramos con calma. "¿Recuerdan cuando les ayudé a hacer su tarea de ciencias naturales hace unas cuantas semanas? En aquel entonces estudiaban las leyes de Newton, ¿no es así?"

Mike y yo asentimos.

"¿Recuerdan la ley que dice que a cada acción corresponde una reacción igual y en sentido contrario?"

Asentimos de nuevo. "Así es como vuela un avión", dijo Mike. "El motor propulsa aire hacia atrás y el avión se mueve hacia adelante."

"¡Correcto!" dijo mi padre rico. "Como las leyes de Newton son universales, se aplican a todo y no sólo a los motores." Mi padre rico nos miró a Mike y a mí para ver si comprendíamos lo que acababa de decir. "A todo", repitió para asegurarse de que entendiéramos.

"Muy bien, a todo", dijo Mike, un poco frustrado por la repetición.

Como mi padre rico sospechaba que no entendíamos muy bien a lo que se refería con *todo*, añadió: "Cuando digo *a todo*, es *a todo*. ¿Se acuerdan de mis lecciones sobre los estados financieros? ¿Recuerdan cuando les expliqué que para que hubiese un *gasto* debe haber un *ingreso* en alguna otra parte?"

Fue entonces cuando empecé a entender lo que él quería decir con *todo*. Las leyes universales de Newton también se aplican a los estados financieros. "Así que por cada *activo* debe haber un *pasivo*", añadí sólo para demostrar que comenzaba a entender su idea: *Una ley universal se aplica a todo.*

"Y para que una cosa esté *arriba*, otra debe estar *abajo*", añadió Mike. "Y para que haya algo *viejo*, tiene que haber algo *nuevo*. Como dijo Einstein: *todo es relativo.*"

"¡Correcto!", dijo mi padre rico con una sonrisa.

"Pero, ¿cómo se aplica esto a la libertad, la seguridad y tu disposición para pagar el precio de ambas?", preguntó Mike.

"Buena pregunta", dijo mi padre rico. "Esto es importante porque si no pagas ese doble precio, de todos modos nunca obtendrás lo que quieres. En otras palabras, si no pagas el doble costo, no obtendrás aquello por lo que pagaste primero."

"¿Qué?" respondí yo. "¿Acaso si no pagas el doble precio no obtendrás eso por lo que pagaste?"

Mi padre rico asintió con la cabeza y comenzó a explicar. "La gente que sólo paga el precio de la seguridad quizá nunca vaya a sentirse segura, tal como ocurre con la seguridad laboral", afirmó de manera contundente. "Esas personas pueden tener una falsa sensación de seguridad, pero nunca se sienten realmente seguras."

"Entonces, aunque mi padre tenga lo que él cree que es un trabajo estable y seguro, ¿en el fondo nunca se siente seguro?", pregunté.

"Así es", dijo mi padre rico. "Y eso se debe a que él paga por la acción, pero no por su reacción interior. Cuando más duro trabaja para tener seguridad —o paga el precio de la seguridad—, más crece la inseguridad en su interior."

"¿Y la reacción siempre es la inseguridad?", preguntó Mike.

"Buena pregunta", comentó mi padre rico. "No, puede haber otras reacciones. Una persona podría tener tanta seguridad que reaccione ante ella con aburrimiento e inquietud. Desea avanzar, pero no lo hace porque entonces tendría que renunciar a su seguridad. Por eso digo que cada uno de nosotros es único y tiene retos diferentes que vencer. Y somos únicos porque no reaccionamos ante las cosas de la misma manera en que lo hacen otros."

"Por eso, algunas personas se espantan cuando ven una serpiente, mientras que otras se alegran", añadí.

"¡Correcto! Todos somos diferentes porque todos tenemos una programación distinta", respondió mi padre rico.

"Entonces, ¿para qué sirve toda esta gimnasia mental?" pregunté.

"La gimnasia es para hacerlos pensar", dijo mi padre rico. "Quiero que siempre recuerden que todo tiene un precio y que, además, dicho precio suele ser el *doble* de lo que parece. Si pagan sólo por una parte de la ley de Newton, quizá piensen que han pagado el costo pero tal vez no obtengan lo que quieren."

"¿Puedes darnos algunos ejemplos?", pregunté.

"Puedo darles algunos ejemplos generales porque, como les dije, cada uno de nosotros es único", respondió. "Como regla general, recuerden siempre que cada situación tiene dos facetas."

"Por ejemplo, los mejores patrones suelen iniciar su carrera como empleados. Ellos utilizan esa experiencia previa para desarrollar un estilo de dirigir que beneficie a sus empleados."

"Entonces, ¿un buen patrón debe ser honesto y tratar a sus empleados como a él le gustaría que lo trataran?", pregunté.

"Exacto", asintió. "Ahora veamos un ejemplo extremo. ¿Qué creen que se necesite para ser un buen detective?"

"¿Un buen detective?", repetimos Mark y yo uno después del otro, pues pensamos que nuestro padre rico comenzaba a divagar.

"Sí, escucharon bien", continuó. "En primer lugar, un buen detective debe ser honesto, moral y muy íntegro. ¿Están de acuerdo?"

"Espero que sí", dijo Mike.

"Sin embargo, un buen detective también debe pensar justo como un ladrón o como alguien inmoral, deshonesto y sin ética", dijo mi padre rico. "Recuerden siempre la ley de Newton. No puedes ser un buen detective si no eres capaz de pensar como un buen ladrón."

Ahora Mark y yo asentíamos con la cabeza. Por fin comenzamos a entender hacia dónde iba toda esta lección de nuestro padre rico. "Entonces, ¿es por ello que una persona que busca hacerse rica mediante la tacañería acaba por ser, en muchos sentidos, tan pobre como alguien sin dinero?"

Mi padre rico prosiguió: "Y también a eso se debe que la gente que *sólo* busca la seguridad nunca se sienta realmente segura. O que alguien que busca inversiones de bajo riesgo nunca sienta seguridad al invertir y que alguien que siempre tiene la razón acabe por equivocarse. Ellos sólo pagan el precio de una parte de la ecuación pero no el precio completo, y con ello, violan una ley universal."

Mark añadió: "Es por ello que se necesitan dos personas para iniciar una pelea. Y para ser un buen detective también debes ser un buen ladrón. Para reducir tus riesgos debes arriesgarte. Para ser rico necesites saber qué se siente ser pobre. Y para saber lo que es una buena inversión, también debes saber lo que es una mala inversión."

"Y también a eso se debe que la mayoría de la gente diga que las inversiones son riesgosas", comenté. "Casi toda la gente piensa que para hacer una inversión segura también debe reducir sus ganancias. Por ello hay tantas personas que ponen su dinero en cuentas de ahorro. Lo ponen ahí por seguridad y están dispuestas a recibir menos intereses a cambio de esa seguridad. Pero la verdad es que la inflación carcome su dinero y el impuesto que deben pagar por los intereses es muy alto. Así que la sensación de seguridad que les da el banco ni siquiera resulta tan segura."

Mi padre rico concordó. "Tener dinero en el banco es mejor que no tenerlo ahí, pero tienes razón al decir que no es algo tan seguro como la gente quisiera creer. Esa ilusión de seguridad también tiene su costo."

Entonces Mike volteó a ver a su padre y dijo: "Tú siempre has dicho que es posible tener inversiones de bajo riesgo con muy grandes ganancias."

"Sí", respondió mi padre rico. "Es relativamente fácil obtener un dividendo de entre 20 y 50 por ciento sin pagar impuestos muy elevados ni utilizar demasiado de tu propio dinero, y aún así tener seguridad, siempre y cuando sepas bien lo que haces."

Mark dijo: "Entonces, eso quiere decir que el precio que tú pagaste es más alto que el que el inversionista promedio está dispuesto a pagar."

Mi padre rico asintió. "Recuerden siempre que todo tiene un costo y que éste no siempre se mide con dinero."

El precio de ser tacaño

Cuando escucho que los gurús del dinero dicen: "Cancele sus tarjetas de crédito, compre un auto usado y sea austero", sé que sus intenciones son buenas. Y para la mayoría de la gente estos son buenos consejos. Pero como dijo mi padre rico: "Todo tiene un precio." Y el precio de enriquecerse por medio de la tacañería es que aunque logre tener mucho dinero, usted será mezquino. Y, en mi opinión, vivir en la avaricia perpetua es un precio demasiado alto que pagar.

Mi padre rico también dijo: "El problema no son las tarjetas de crédito sino la falta de cultura financiera de quienes las poseen. Obtener un conocimiento profundo de las finanzas es parte del costo que necesitas pagar para hacerte rico."

Y a eso se debe que a casi nadie le guste la idea de cancelar sus tarjetas de crédito y ser austero. Yo creo que, si se les da la opción, la mayoría de las personas preferirían ser ricas y vivir como tales. Y pueden hacerlo, siempre y cuando estén dispuestas a pagar el precio.

Capítulo 2

¿Cuál es el precio de un error?

Mi banquero nunca me ha pedido
mi boleta de calificaciones.
PADRE RICO

Cuando tenía 15 años, reprobé la materia de inglés debido a que escribía mal, o mejor dicho, porque a mi maestro de inglés no le gustaba lo que yo escribía. Además, tenía una pésima ortografía. Por ello, iba a tener que repetir el segundo año. El dolor emocional y la vergüenza me atacaron desde diversos frentes. Primero que nada, mi papá era el director de educación de la isla de Hawai y estaba a cargo de más de 40 escuelas. El rumor de que el hijo del jefe era un fracaso escolar produjo risas y burlas en la Dirección de Educación. En segundo lugar, al reprobar tendría que unirme al grupo de mi hermana menor. En otras palabras, mientras ella avanzaba yo retrocedía. Y en tercer lugar, aquello significaba que no recibiría mi nombramiento para jugar futbol americano colegial, el deporte que tanto ansiaba practicar. El día en que recibí mi boleta de calificaciones con un NA (no aprobado) en inglés, me fui a esconder detrás del laboratorio de química para estar solo. Me senté sobre la fría losa de concreto, me llevé las rodillas al pecho, recargué mi espalda contra el edificio de madera y empecé a llorar. Desde hacía algunos meses sabía que iba a obtener esta calificación, pero verla en el papel hizo que mis emociones brotaran de una manera repentina e incontrolable. Permanecí solo detrás del edifico más de una hora.

Por fortuna, Mike, mi mejor amigo —e hijo de mi padre rico— también había reprobado. Lo bueno no era que él hubiera reprobado, sino que al menos yo tenía un compañero del mismo dolor. Le hice señas mientras él atravesaba el plantel para tomar el transporte a su casa, pero todo lo que hizo fue sacudir la cabeza y seguir su camino.

Esa noche, después de que mis hermanos se habían ido a dormir, dije a mis padres que había reprobado inglés e iba a tener que repetir el segundo año de preparatoria. En aquella época, la política del sistema educativo era que los alumnos que reprobaran inglés o ciencias sociales repetían el año entero. Mi padre, que estaba a cargo del sistema educativo de la isla, conocía bien esa política. Aunque él ya se esperaba la noticia de mi fallo, su confirmación aún era una realidad difícil. Mi papá se sentó en silencio e inclinó la cabeza. Mostraba una cara inexpresiva. Mi mamá, por el contrario, pasaba por un momento mucho más difícil. Pude ver las emociones en su cara, las cuales iban de la tristeza al enojo. Ella se dirigió a mi padre y le dijo: "Y ahora, ¿qué va a pasar? ¿Lo harán repetir el año?" Todo lo que mi padre respondió fue: "Ésa es la política. Pero antes de tomar cualquier decisión, analizaré el asunto."

Durante los días siguientes, mi papá, el hombre a quien llamo mi *padre pobre*, en verdad analizó el asunto. Descubrió que de mi grupo, compuesto por 32 alumnos, el maestro había reprobado a 15. El profesor había puesto una s a ocho alumnos. Un alumno tenía MB, cuatro tenían B y el resto R. Al ver el índice tan alto de reprobados, mi padre intervino. Y no lo hizo como mi padre sino como director de educación. Su primer paso fue ordenar al director de la escuela que abriera una investigación formal. Dicha investigación comenzó con entrevistas a los alumnos de la clase y concluyó con la remoción del maestro a otra escuela y un curso especial de verano ofrecido a los estudiantes que desearan una oportunidad para mejorar sus calificaciones. Ese verano, yo pasé tres semanas esforzándome por obtener una s en inglés y al fin pude pasar al undécimo grado con el resto de mi grupo.

Mi papá encontró aciertos y desaciertos tanto por parte de los alumnos como del maestro. Lo que más le inquietaba era que la mayoría de los reprobados eran los alumnos más destacados del grupo de segundo año. Casi todos íbamos por buen camino para pasar a la universidad. Pero en vez de tomar partido, él vino a casa y me dijo: "Considera este fracaso escolar como una lección muy importante en tu vida. Puedes aprender mucho o poco de este incidente. Puedes culpar al maestro y guardarle rencor. O bien, puedes observar tu propia conducta, aprender más sobre ti mismo y hacer que esta experiencia te ayude a crecer. No creo correcto que el profesor reprobara a tantos. Pero creo que tú y tus amigos deben ser más estudiosos. Espero que tanto los alumnos como el maestro aprendan de esta experiencia."

Debo admitir que sí guardé rencor, que el maestro aún me cae mal y que odié ir la escuela después de eso.

Nunca me gustó que me obligaran a estudiar materias que no me interesaban o que sabía que nunca iba a usar una vez que concluyera el curso. Aunque las cicatrices emocionales fueron profundas, me esforcé un poco más, cambió mi actitud, mejoraron mis hábitos de estudio y terminé la preparatoria dentro del plazo normal. También fui uno de los dos estudiantes que ganaron un nombramiento del congreso para entrar a la Academia de la Marina Mercante de Estados Unidos, de la cual me gradué en 1969 como bachiller en ciencias.

Fue en la Academia donde superé mi miedo a escribir y en verdad aprendí a disfrutarlo, aunque todavía soy un mal escritor desde el punto de vista técnico. Agradezco al doctor A.A. Norton, quien fue mi maestro de inglés durante dos años en la academia, por ayudarme a superar la falta de confianza en mí mismo, mis miedos del pasado y mis rencores. Si no fuera por el doctor Norton y por Sharon L. Lechter, mi socia y coautora, dudo que el *New York Times* y el *Wall Street Journal* me hubiesen nombrado *el escritor que más vende en la actualidad*.

Lo más importante fue que seguí el consejo de mi padre y saqué el mayor provecho de una situación negativa. En retrospectiva, puedo ver cómo haber reprobado inglés —y por poco el décimo grado— fue como una bendición disfrazada. El incidente hizo que me esforzara más e hiciera algunas correcciones en mi actitud y mis hábitos de estudio. Hoy me doy cuenta de que si no hubiese hecho esas correcciones en el décimo grado, de seguro nunca habría terminado la universidad.

Los comentarios de mi padre rico

Mi padre rico también se molestó por el NA que el mismo maestro había puesto a su hijo. Estaba agradecido de que mi papá —el verdadero— interviniera e implantara un curso de verano para que tratáramos de mejorar nuestras calificaciones. Aún así, aprovechó su experiencia para enseñarnos a Mike y a mí una lección diferente.

"Nuestras vidas están arruinadas", dije yo. "¿De qué nos sirve?" añadió Mike. "Nunca podremos avanzar por culpa de ese maestro. Y por si fuera poco, ahora tenemos que pasar nuestras vacaciones de verano en un salón de clase." Mike y yo nos quejamos mucho al saber que habíamos reprobado inglés. Sentíamos que, de cierta manera, nos habían robado nuestro futuro, o al menos, nuestras vacaciones. Podíamos ver cómo los *niños listos* avanzaban y nos dejaban atrás. Varios de nuestros compañeros de clase se acercaban a nosotros y se burlaban. Otros nos gritaban: "¡Fracasados!" A veces escuchábamos que decían a nuestras espaldas: "Si no tienes buenas calificaciones, no entrarás a una buena universidad", o: "Si crees que la materia de inglés es difícil en la preparatoria, sólo espera a que entres a la universidad." Nosotros tratamos de no tomarnos a pecho esos comentarios groseros, tan comunes entre los chicos, e intentamos tomarlos como broma. Pero en el fondo nos dolían. La verdad es que sí nos sentíamos un fracaso y también nos sentíamos rezagados.

Un día, tras salir del curso de verano, Mike y yo fuimos a la oficina de mi padre rico y discutimos sobre cómo nos hacían sentir los comentarios de nuestros compañeros de clase. Mi padre rico alcanzó a oír nuestra charla, se sentó con nosotros, nos miró directo a los ojos y dijo: "Estoy cansado de sus quejas y lloriqueos. Estoy cansado de que ambos piensen como víctimas y actúen como perdedores." Y ahí estaba, sentado y sin dejar de mirarnos. "Ya es suficiente. Reprobaron, ¿y qué? El hecho de haber reprobado no los convierte en un fracaso. Sólo vean cuántas veces he fallado yo. Así que dejen de sentir lástima por ustedes mismos y ya no permitan que les moleste lo que digan sus compañeros."

"Pero ahora tenemos malas calificaciones", protesté. "Y esas calificaciones siempre estarán con nosotros. ¿Cómo haremos para entrar a una buena universidad?"

"Miren", dijo mi padre rico. "Si dejan que una sola mala nota arruine su vida, entonces de todos modos no tienen futuro. Si permiten que una mala calificación sea su ruina, entonces la vida real los apaleará de cualquier forma. La vida real es mucho más dura que el inglés de la preparatoria. Y si culpan a su maestro de inglés y piensan que fue duro, entonces van a tener un severo despertar al mundo real. El mundo exterior a la escuela está lleno de gente mucho más dura, severa y exigente que su maestro de inglés. Se los repito: Si dejan que una mala nota y un maestro de inglés arruinen su futuro, entonces de todas maneras no tienen futuro."

"Pero ¿qué hacemos con los chicos que nos molestan y se burlan de nosotros?", se quejó Mike.

"¡Oh, vamos!", dijo mi padre rico con una risa que pronto se convirtió en carcajada. "¡Sólo miren cuánta gente me critica a mí! Recuerden cuántas veces han criticado al padre de Robert en público. Sólo cuenten las ocasiones en que los nombres de ambos han aparecido en las noticias. ¿Cuántas veces me han llamado *empresario codicioso* a mí y *mal servidor público* al papá de Robert? Si dejan que un grupo de muchachos pecosos los molesten y derroten, entonces de verdad serán un fracaso."

"Una de las diferencias entre un triunfador y una persona común es la cantidad de críticas que pueden tolerar. Las persona comunes no pueden aceptar demasiadas críticas y por eso no destacan durante su vida. A eso se debe que no puedan llegar a ser líderes. Las personas promedio viven con miedo de lo que los demás puedan decir o pensar de ellas. Por ello se relacionan y se llevan bien con otras personas comunes, siempre con miedo a lo que otras personas puedan pensar de ellas o a que las critiquen. Las personas siempre nos criticamos unas a otras. Miren, yo critico al papá de Robert y sé que él me critica, y aún así nos respetamos."

"Pero si la gente los critica, eso significa que al menos ha notado su existencia. Preocúpense si nadie los critica", concluyó mi padre rico con una risa. "Ustedes han dado a la gente algo de qué hablar. Le han dado algo para romper la aburrida monotonía de su vida. Si aprenden a manejar la crítica, habrán aprendido algo valioso para su vida", dijo mi padre rico aún riendo. "Miren, 33 por ciento de la gente los amará sin importar lo que ustedes hagan, otro 33 por ciento los detestará sin importar lo que hagan, ya sea bueno o malo; y al 33 por ciento restante no le importarán en lo absoluto. Su trabajo en la vida es ignorar a este último 33 por ciento y convencer a 33 por ciento intermedio de que se una a

33 por ciento que los ama. Eso es todo. Lo único que es peor a que los critiquen es que no los critiquen", concluyó con una animada risa.

"¿Entonces también los adultos viven con miedo a otras personas y a la crítica?", pregunté, tratando de retomar el tema principal y olvidar la risa de mi padre rico. Él pensaba que aquello era gracioso pero yo no le veía la gracia.

Mi padre rico asintió con la cabeza y se puso más serio. "Eso es a lo que más teme la mayoría de los seres humanos. Se le llama *miedo al ostracismo*, el miedo a ser diferente, a separarse de la borregada. Por ello es que tantas personas temen más a hablar en público que a morir."

"¿Entonces las personas se unen a la borregada y se esconden en ella por miedo a ser criticadas?", preguntó Mike.

"Sí, y también es una razón de que haya tan pocas personas que amasan una gran fortuna. Casi toda la gente se siente más segura dentro de la borregada de personas comunes porque vive con miedo de que la critiquen o de ser diferente", dijo mi padre rico. "Para la mayoría de la gente es más fácil ser común, normal, esconderse y hacer justo lo que hace el resto de la manada: ver pasar la vida y caminar junta."

"¿Lo que dices es que todo este asunto de haber reprobado inglés, a la larga, podría ser algo muy bueno para nosotros?", preguntó Mike.

"Si quieres hacer de ello algo bueno, eso será", respondió tranquilamente mi padre rico. "Pero también puedes convertirlo en algo malo."

"Pero, ¿qué hay con nuestras calificaciones? Esas notas estarán con nosotros por el resto de nuestra vida", añadí con un ligero quejido.

Mi padre rico sacudió la cabeza. Entonces se inclinó hacia adelante y habló con firmeza: "Mira Robert. Te contaré un gran secreto." Él hizo una pausa para asegurarse de que yo lo escuchara de manera directa y sin distorsiones. Entonces dijo: *"Mi banquero nunca me ha pedido mi boleta de calificaciones."*

Su comentario me sorprendió y me sacó de mi cadena de pensamientos, aquella que decía que mi vida estaba arruinada por las malas calificaciones. "¿Qué dices?", respondí con debilidad y sin entender cabalmente hacia dónde iba con esa afirmación.

"Ya me escuchaste", dijo mi padre rico mientras se volvía a sentar. Él sabía que lo había escuchado y estaba esperando que yo asimilara su afirmación. Sabía que había sacudido un valor fundamental de mi familia, una familia de educadores.

"¿El banco nunca te ha pedido tu boleta de calificaciones?", repetí con calma. "¿Significa eso que las calificaciones no son importantes?"

"¿Acaso dije yo que las calificaciones *no son* importantes?", preguntó.

"No", contesté con timidez.

"Entonces, ¿qué dije?"

Yo dije abruptamente: "Dijiste que tu banquero nunca te había pedido tu boleta de calificaciones." En mi familia, las boletas de calificaciones y las buenas notas eran algo casi sagrado.

"Cuando voy a ver a mi banquero", continuó, "él no me dice: 'enséñame tus calificaciones'. O, ¿me equivoco?"

Mi padre rico continuó sin esperar respuesta. "¿Acaso mi banquero me pregunta si yo sólo sacaba MB en la escuela? ¿Acaso me pide que le muestre mi boleta? O, ¿acaso dice: 'Oh, tienes buenas calificaciones. Déjame prestarte un millón de dólares?' ¿En verdad dice ese tipo de cosas?"

"No lo creo", dijo Mike. "Al menos nunca te ha pedido tu boleta cuando he ido contigo a su oficina. Y también sé que él no te presta dinero con base en tu promedio académico."

"¿Entonces qué pide?", preguntó mi padre rico.

"Te pide tu estado financiero", respondió Mike con toda calma. "Él siempre te pide tus declaraciones de ganancias y pérdidas, y tus hojas de balance actualizadas."

Mi padre rico continuó: "Los banqueros siempre piden el estado financiero. Se lo piden a todo el mundo. ¿Por qué crees que piden el estado financiero a todas las personas, sean ricas, pobres, educadas o ignorantes, antes de prestarles cualquier cantidad de dinero?"

Mike y yo sacudimos la cabeza lentamente y en silencio mientras esperábamos la respuesta. "Nunca he pensado en eso", dijo al fin Mike. "¿Por qué no nos lo dices?"

"Porque tu estado financiero es tu boleta de calificaciones una vez que terminas la escuela", dijo mi padre rico con voz fuerte y grave. "El problema es que la mayoría de la gente termina la escuela sin tener idea de lo que es un estado financiero."

"¿Mi estado financiero es mi boleta de calificaciones una vez que salgo de la escuela?", pregunté incrédulo.

Mi padre rico asintió con la cabeza. "Es una de tus boletas y una muy importante. Otras boletas son tu revisión médica anual, tu peso, tu presión arterial y la salud emocional de tu matrimonio."

"Entonces es posible que alguien tenga un promedio de MB en su boleta de calificaciones y uno de NA en su estado financiero?", pregunté. "¿Es eso lo que tratas de decirnos?"

Mi padre rico afirmó. "Eso pasa todo el tiempo. A menudo las personas que obtienen buenas notas en la escuela tienen un mal promedio financiero en su vida."

Las buenas calificaciones sirven en la escuela; los estados financieros sirven en la vida.

Recibir una calificación reprobatoria a la edad de 15 años resultó ser una experiencia muy valiosa para mí porque me di cuenta de que había desarrollado una actitud negativa hacia mis estudios. Fue un llamado a despertar y hacer correcciones. También me percaté a una edad temprana de que aunque las calificaciones son importantes en la escuela, mi estado financiero sería mi boleta de calificaciones una vez que concluyera la escuela.

Mi padre rico me dijo: "En la escuela, se da a los alumnos su boleta de calificaciones cada trimestre. Si un chico está en problemas, al menos tiene tiempo para hacer las correcciones apropiadas si así lo desea. En la vida real, muchos adultos no reciben su estado financiero sino hasta que ya es demasiado tarde. Como existen tantos adultos que no tienen una boleta trimestral de *calificaciones financieras*, no pueden hacer las correcciones financieras que necesitan para tener una vida económica segura.

Quizá cuenten con un empleo bien pagado, una casa grande y un auto bonito, y tal vez les vaya bien en el trabajo. Sin embargo, es posible que estas personas tengan problemas económicos en casa y ya estén demasiado viejos o sea demasiado tarde para cuando se den cuenta del fracaso de sus finanzas. Ése es el precio de no tener una boleta de calificaciones financieras al menos una vez cada trimestre."

Aprenda de sus errores

Ni a mi padre pobre ni a mi padre rico les gustó el hecho de que sus hijos fracasáramos en la escuela. Sin embargo, ninguno de ellos nos trató como si fuésemos un fracaso. En cambio, nos alentaron a aprender de nuestros errores. Como dijo un maestro de la escuela: "*Fracasar* es un verbo, no un sustantivo." Por desgracia, hay demasiadas personas que piensan que cuando fracasan se convierten en sustantivos y se llaman a sí mismas *fracasadas*. Si la gente *aprende* a *aprender* de sus errores, tal como los niños aprenden a andar en bicicleta al caerse de ella, podrá descubrir mundos enteramente nuevos. Por lo contrario, si sólo sigue a la manada de gente que evita cometer errores, que miente o que culpa a alguien más, entonces desaprovechará la principal manera de aprender que tenemos los seres humanos: cometer errores y aprender de ellos.

Si no hubiera fallado en la escuela cuando tenía 15 años, tal vez nunca habría terminado la universidad y dudo que hubiese aprendido que mi estado financiero personal iba a ser mi boleta de calificaciones para mi vida después de la escuela. A la larga, el error que cometí a los 15 años resultó algo invaluable. La razón de que haya tan pocas personas que logran amasar una gran fortuna es que simplemente no se permiten cometer suficientes errores. Los errores pueden ser algo invaluable si estamos dispuestos a aprender de ellos.

Las personas que aún no aprenden de sus errores son las que siempre dicen: "No fue mi culpa." Ésas son las palabras de una persona que desperdicia uno de los mayores dones de la vida, el don de cometer errores. Nuestras cárceles están llenas de personas que dicen: "Soy inocente. No fue mi culpa." Nuestras calles están llenas de gente insatisfecha por hacer una y otra vez lo que le enseñaron en casa y en nuestras escuelas: "Ve a lo seguro. No cometas errores. Los errores son malos. Las personas que cometen demasiados errores son un fracaso."

Cuando yo hablo ante un grupo de personas, con frecuencia digo: "Hoy estoy aquí frente a ustedes porque he cometido más errores que la mayoría de ustedes y he perdido más dinero que casi todos los presentes." En otras palabras, el precio de hacerse rico es estar dispuesto a cometer errores, a admitir que los ha cometido sin culparse o justificarse, y a aprender de ellos. Las personas que suelen tener menos éxito en la vida son aquellas que no están dispuestas a cometer errores o que no han aprendido de ellos, así que se levantan cada mañana y vuelven a cometer los mismos errores.

Capítulo 3

¿Cuál es el precio de la educación?

Si piensa que la educación es cara,
espere a conocer el precio de la ignorancia.

PADRE RICO

En ocasiones me preguntan: "¿Quiere usted decir que una persona no necesita ir a la escuela?" Mi respuesta es un enfático: "No. Eso *no* es lo que quiero decir. Hoy la educación es más importante que nunca. Lo que digo es que el sistema educativo está atrasado. Es un viejo sistema de la Era Industrial que trata de hacer frente a la Era de la Información. Por desgracia, no lo hace muy bien."

De acuerdo con los historiadores económicos, 1989, año en que cayó el muro de Berlín y surgió internet, marcó el fin de la Era Industrial y el inicio oficial de la Era de la Información. Aquí tenemos un diagrama simple que describe dicho cambio:

Era industrial	Era de la información
Seguridad laboral	Seguridad financiera
Un empleo permanente	Agentes libres
Una sola profesión	Varias profesiones
Planes de retiro con beneficios definidos	Planes de retiro de contribución definida
(responsabilidad del patrón)	(responsabilidad del empleado)
Seguridad social garantizada	Seguridad social no garantizada
Servicio médico público garantizado	Servicio médico público no garantizado
Antigüedad como activo	Antigüedad como pasivo
Aumento de sueldo con base en la antigüedad	Aumentos de sueldo como un pasivo, pues actualmente muchos patrones buscan trabajadores más jóvenes con más habilidades

¿Por qué la seguridad laboral no es un problema?

Mi madre y mi padre crecieron durante la Gran Depresión. Ese hecho histórico parece haber afectado sus perspectivas mentales y emocionales. Es por ello que solían hacer hincapié en la importancia de obtener buenas calificaciones para conseguir un trabajo seguro.

Si usted observa la economía actual, el problema es que hay demasiados empleos. Pregunte a cualquier patrón y le dirá que está desesperado por encontrar buenos empleados.

Hoy, el problema principal es la seguridad financiera, no la seguridad laboral. En gran parte, esto se debe a que la responsabilidad en cuanto al retiro ha pasado de manos del patrón a las del empleado, es decir, hemos cambiado los planes de jubilación de la Era Industrial —planes de retiro de beneficios definidos— por los de la Era de la Información —planes de retiro de contribución definida—. Existen tres problemas principales con los planes de retiro de contribución definida actuales. El primero es que dichos planes están bajo la responsabilidad del empleado, y muchos empleados no depositan dinero en su plan porque necesitan dinero para solventar sus gastos básicos. El segundo es que los planes están sujetos al comportamiento de la bolsa de valores, lo cual significa que si el mercado está a la alta, el plan de pensiones es alto. Pero si el mercado se desploma, como ha ocurrido en los últimos dos años, lo mismo ocurrirá con el plan de pensión del empleado. Y el tercero es que un plan de retiro definido puede caducar justo cuando el jubilado más lo necesita.

Digamos que el jubilado tiene 85 años y su plan ha caducado. El patrón no tiene obligaciones con el jubilado. En contraste, el plan de retiro de beneficios definidos de la Era Industrial obligaba al patrón a apoyar al empleado hasta que éste muriera, sin importar a qué edad. Mi mayor preocupación gira en torno a los planes gubernamentales para la seguridad social y el servicio médico público. Usted se entera de que esos programas están en problemas cuando los políticos prometen *salvarlos* en sus campañas. De los dos planes amenazados, el que más me preocupa es el del sistema de servicio médico público de Estados Unidos. Conforme envejecemos, es posible que nuestros costos de vida disminuyan, pero nuestros gastos médicos suben hasta los cielos. Una enfermedad muy grave puede costar más que la casa del enfermo. Hoy, una causa creciente de la bancarrota personal no son los malos manejos financieros sino las enfermedades graves. Hace poco, un amigo de un camarada mío resultó lesionado en un accidente automovilístico. Él era el único sostén de su familia, tenía un seguro médico inadecuado y tuvo que vender todo lo que poseía. Para empeorar las cosas, a su hija menor se le diagnosticó leucemia y ahora la familia busca donaciones de caridad y asistencia de cualquier persona que desee ayudar.

¿Qué es el *tiempo de retraso*?

Éstas son sólo unas cuantas razones de que yo diga que en la Era de la Información necesitamos más conocimientos que los que hemos recibido de la vieja educación tradicional. En el mundo de los negocios, las dos industrias con *tiempos de retraso* más largos son las de la educación y la construcción. *Tiempo de retraso* significa la diferencia en tiempo entre la concepción de una nueva idea y su aceptación por la industria. En la industria de la computación, el tiempo de retraso es de alrededor de un año. En la industria aeroespacial, el tiempo de retraso es de dos años. Eso significa que pasan sólo dos años entre la concepción de una nueva idea y su adopción por la industria. En los ramos de la educación y la construcción, el tiempo de retraso es de alrededor de 50 años. Creo que quienes esperamos que el sistema educativo se dé cuenta de que la Era Industrial ha finalizado, tendremos que esperar hasta el año 2040 para que tal cosa ocurra, lo cual es una razón de que tantos padres elijan retirar a sus hijos de la escuela y los eduquen ellos mismos en casa.

El retraso no es algo exclusivo de las industrias. Los individuos también pueden rezagarse. La fórmula de la Era Industrial era $E=mc^2$, la famosa ecuación de Einstein. Durante la Era Industrial, existían dos superpotencias dominantes y la gente vivía con miedo a una guerra nuclear entre ambas. En la Era de la Información, internet ha hecho que ya nadie sea dominante. Ahora domina la "ley de Moore", la cual afirma que la información y la tecnología avnzan rápido. La interpretación actual de la ley de Moore es que la información y la tecnología ahora se duplican cada 18 meses, lo cual significa que cada uno de nosotros necesita duplicar su información cada 18 meses o correrá el riesgo de rezagarse. Por eso, en la Era de la Información, *lo que se aprende* no es tan importante como *lo rápido que se aprende*. Hoy es riesgoso recibir el consejo de alguien cuya información sea vieja y en la Era de la Información, la información puede hacerse vieja en tan sólo 18 meses. A usted no le conviene seguir el consejo de alguien que esté rezagado, es decir, de alguien con respuestas viejas. Las respuestas viejas pueden funcionar en los programas de concursos para hacerse millonario, pero no en el mundo real.

Entonces, ¿qué tipo de educación necesitamos en la Era de la Información?

En muchos sentidos, tanto mi padre pobre como mi padre rico fueron grandes educadores. Tal como lo he afirmado en libros anteriores, ellos me enseñaron lo que pensaban que era importante, pero no me enseñaron lo mismo. A continuación incluyo una lista que resume la educación que recibí de ambos. Aunque hay muchos tipos diferentes de educación, como la educación física, la artística, la musical y la espiritual, todas muy importantes, la formación fundamental que necesitamos para tener una seguridad mínima en la Era de la Información es la siguiente:

1. *La educación escolar:* Es aquella que enseña a leer, escribir y hacer operaciones aritméticas
2. *La educación profesional:* Es aquella que le enseña las habilidades específicas que requiere para ganarse la vida. Estos estudios son los que lo convertirán en médico, abogado, plomero, secretaria, electricista, maestro, etcétera
3. *La educación financiera:* Es aquella que enseña cómo hacer que el dinero trabaje duro para usted

Resulta obvio que los tres enfoques educativos son de vital importancia. Si uno no es capaz de leer, escribir o hacer operaciones matemáticas, la vida en general se vuelve muy difícil. Por desgracia, hoy existen muchos estudiantes que terminan la escuela sin el dominio necesario de estos tres aspectos fundamentales. El 7 de mayo de 2000, el periódico *The Arizona Republic* publicó un artículo cuyo encabezado decía: "Miles de reprobados en las escuelas de Los Ángeles." *Grosso modo*, el artículo trataba los siguientes puntos:

- El segundo sistema de escuelas más grande de la nación había cancelado sus planes de reprobar a una enorme cantidad de estudiantes ese año
- En un principio, las autoridades del Distrito Escolar Unificado de Los Ángeles esperaban retener hasta 237 mil estudiantes —un tercio de los 711 mil alumnos del sistema—, pero los criterios de aprobación tuvieron que hacerse más laxos por miedo a que la reprobación multitudinaria pudiera perjudicar a las escuelas

Sí, leyó bien. Ellos necesitaban reprobar a más de un cuarto de millón de estudiantes porque no alcanzaban el nivel básico de lectura, escritura y aritmética. Las autoridades pasaron a los alumnos porque reprobarlos perjudicaría a las escuelas. Me pregunto cómo afectará esto a un estudiante cuya vida académica está perjudicada para siempre. Éste es un ejemplo de una industria con retraso. Es obvio que los estudiantes han cambiado y, sin embargo, el sistema escolar continúa con sus formas tradicionales para tratar de educar. En lo personal, la escuela me pareció aburrida e irrelevante y, a diferencia de mis padres, no me motivaba la idea de que necesitaba buenas calificaciones para tener seguridad laboral. Hoy, la educación escolar es más importante que nunca, pero nuestro sistema educativo no ha podido ir a la par de los tiempos, de modo que la educación escolar de los estudiantes sufre mientras esperamos que cambie el sistema.

Mi verdadero padre fue líder del sindicato de maestros de Hawai. Gracias a él, comprendo la importancia que el sindicato tiene para los maestros y en verdad siento empatía por varias de sus preocupaciones. También simpatizo con los alumnos y me preocupa el impacto a largo plazo que tiene en ellos el no recibir una educación adecuada en esta época en que la educación es más necesaria que nunca.

De igual modo, cuando usted observa la educación profesional, su importancia resulta sorprendente. Por ejemplo, una persona que sólo cuenta con el certificado de preparatoria puede ganar 10 dólares por hora, recién egresado de la escuela. Si la misma persona asiste a una escuela de electricistas, su sueldo por hora puede subir con facilidad a 50 dólares o más. Si multiplica esa diferencia de 40 dólares por ocho horas al día, cinco días a la semana, cuatro semanas al mes y 12 meses al año durante más de 40 años, se convencerá de que invertir en la educación profesional proporciona algunas de las mejores ganancias en tiempo y dinero que se pueden obtener. Cuando usted comprende que la mayoría de los médicos invierten entre 10 y 15 años de estudio posteriores a la preparatoria para llegar a ser quienes son, no resulta sorprendente que sientan que merecen ganar un poco más de dinero que el resto de nosotros.

No importa que le haya ido bien o mal en la escuela, ni que se haya convertido en médico o conserje, todos necesitamos una educación financiera básica. ¿Por qué? Pues porque no importa lo que hagamos o en quiénes nos convirtamos, todos manejamos dinero. A menudo me he preguntado por qué no se enseña mucho acerca del dinero en nuestras escuelas. También me he preguntado por qué el sistema se preocupa tanto por las calificaciones y boletas si en el mundo real mi banquero nunca me ha pedido que le muestre mi boleta de calificaciones.

Con frecuencia he hecho esta pregunta a algunos educadores y he escuchado respuestas como: "Sí enseñamos economía en la escuela", o "varios de nuestros alumnos aprenden a invertir en la bolsa", o bien "ofrecemos un curso de negocios para alumnos de penúltimo año interesados en la materia". Insisto, yo me doy cuenta de que las personas en el sistema enseñan lo que saben y lo hacen lo mejor que pueden. Sin embargo, si usted pregunta a la mayoría de los banqueros, ellos le dirán que buscan algo más que una cartera de valores o las calificaciones del alumno en economía.

Como dice mi amigo Dolf de Roos: "Si piensas que la educación es cara, sólo espera a probar la ignorancia." Y lo que más caro cuesta a la mayoría de la gente, sea muy instruida o no, *no es lo que sabe sino lo que no sabe.* Existe cierto tema que podemos tomar como ejemplo de la falta de educación: los impuestos. Casi todos nosotros nos percatamos de que nuestro mayor gasto particular son los impuestos. Se nos cobran impuestos por ganar, gastar, ahorrar e invertir dinero, y hasta por morir. Ahora, compare la diferencia en impuestos que pagan un empleado y el dueño de un negocio. La cantidad total de dinero que paga el primero durante más de 40 años es impresionante. Una de las razones de que tanta gente que va a la escuela, obtiene buenas calificaciones y consigue un buen trabajo tenga problemas financieros es que el gobierno —el mismo gobierno que nos educa, o nos maleduca— se queda con la mayor parte de su dinero. Y los impuestos son sólo un pequeño tema dentro del mundo de la educación financiera.

Ahora evalúe el costo de lo que ocurre a una persona que no puede leer un estado financiero, ya no digamos que sepa lo que *es* un estado financiero. O lo que ocurre a una persona que no conoce la diferencia entre un activo y un pasivo; o entre una deuda buena y una deuda mala; o entre deuda y capital; o entre ingreso pasivo, ingreso ganado e ingreso de inversiones. Es la falta de educación financiera básica lo que socava la inteligencia financiera básica de una persona. Y es esta falta de inteligencia financiera lo que hace que haya tantas personas que trabajan mucho y a menudo ganan mucho, pero que no pueden mejorar su economía. Aunque quizá tengan seguridad laboral, varios de ellos nunca encuentran la seguridad financiera.

Mi padre rico solía decir: "*Inteligencia financiera* no significa cuánto dinero ganas, sino cuánto conservas, qué tan duro trabaja el dinero para ti y cuántas generaciones disfrutarán de ese dinero." Una de las razones principales de que los niños pobres y de clase media comiencen su vida con una desventaja económica es que sus padres no les heredan nada desde el punto de vista financiero. Es difícil que usted incluya su trabajo y el plan de pensiones de su compañía en su testamento. Yo lo sé porque mis padres dejaron muy poco dinero para que sus hijos progresaran, mientras que mi padre rico heredó a sus hijos millones de dólares con qué comenzar. Se estima que al morir, John Kennedy hijo dejó cientos de millones de dólares a los dos hijos de su hermana Caroline. Tómese un momento para pensar cuán distinta habría sido su vida si hubiese tenido 100 millones de dólares para empezar. ¿Qué podría hacer con su vida en vez de levantarse e ir a trabajar?

La educación financiera básica

Cuando la gente me pregunta lo que necesita conocer desde el punto de vista financiero, yo siempre respondo: "Pregunte a su banquero lo que es importante para él y así sabrá qué aspectos de las finanzas necesita conocer." Por ello, uno de los mejores errores que he cometido fue obtener malas calificaciones en la preparatoria. Si no hubiera tenido esas malas notas, nunca me habría percatado de que a los banqueros no les importan las calificaciones. Mi banquero sólo me pide mi estado financiero y, como lo dije, casi todos los estudiantes terminan la escuela sin saber lo que es un estado financiero.

La mayoría de la gente tan sólo llena una forma de estado financiero que le proporciona el banco en lugar de preparar ella misma dicha declaración. A eso se debe que casi todas las personas piensen que pedir dinero prestado es como *pedir limosna*, y no demostrar al banquero por qué debe *prestarle* dinero. Recuerde siempre que el trabajo de los banqueros es prestarle dinero, no rechazar su petición. Ellos no ganan dinero a menos que se lo presten. Por eso, cuando un banquero rechaza su petición, es como si un maestro le dijera: "Está reprobado." En lugar de enojarse con el banquero, ése es un buen momento para que le pregunte lo que usted *no* está haciendo bien y qué puede hacer para mejorar su estado financiero, el cual es su verdadera boleta de calificaciones una vez que crece y termina la escuela.

¿Qué es importante en su estado financiero?

No todos buscamos lo mismo en los estados financieros. Como lo he dicho en mis otros libros, un estado financiero es como leer una historia sobre la vida de una persona. Un estado financiero también muestra al lector qué tan hábil o inhábil es una persona al manejar su dinero. A continuación explicaré algunas de las cosas que mi padre rico me enseñó a buscar en los estados financieros. El estado financiero que mostraré como ejemplo es el que se incluye en mi juego de mesa llamado *CASHFLOW 101*, el cual inventé para enseñar cultura financiera, así como los principios básicos de la inversión.

Los tres tipos de ingreso

Las personas que hayan leído mis otros libros quizá recuerden que mi padre rico me enseñó la importancia de los tres diferentes tipos de ingreso. Estos son el *ganado*, el *pasivo* y el de *inversión*. Hoy, cuando observo el estado financiero de una persona o empresa, puedo decir casi de inmediato si la persona va a ser rica, pobre o de clase media con tan sólo ver la columna de ingresos.

Los pobres y la clase media se enfocan aquí: un empleo que pague el salario más alto posible. A esto se le llama ingreso ganado.

Éste es el estado financiero incluido en CASHFLOW 101. Sirve para que la gente aprenda cómo funcionan los estados financieros.

El estado financiero anterior pertenece a alguien que maneja su dinero como una persona pobre o de clase media. Esto se debe a que su único tipo de ingreso es el ingreso ganado —que en este caso corresponde a su salario—, el cual es, por mucho, el ingreso con el que es más difícil hacerse rico. Una razón de que sea casi imposible enriquecerse de este modo es que cada vez que esta persona obtiene un aumento de sueldo, el gobierno le exige un aumento en sus contribuciones. Otra razón es que, en la mayoría de los casos, si usted deja de trabajar, también deja de percibir el ingreso *ganado*.

El estado financiero que se muestra a continuación pertenece a una persona que ha tenido buenas oportunidades para volverse cada vez más rico. ¿Por qué? Porque esta persona ya tiene ingresos pasivos —aquellos que provienen de los bienes raíces, los ingresos que pagan menos impuestos—, e ingresos de inversiones —los que provienen de activos en papel como acciones, bonos, fondos mutualistas, cuentas generadoras de intereses y otras inversiones similares.

Una persona rica se enfoca en estos tipos de ingreso. A éstos se les llama ingreso pasivo e ingreso de inversiones. Estos son los ingresos que hacen que los ricos sean cada vez más ricos.

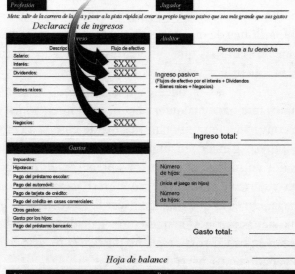

Éste es el estado financiero de alguien que sabe cómo volverse cada vez más rico.

Los hijos de Kennedy nunca tuvieron que trabajar. Jamás necesitaron un cheque salarial. ¿Por qué? Porque sus padres y abuelos sabían que los ingresos pasivo y de inversiones son los ingresos de los ricos. Los hijos de Kennedy eligieron trabajar pero es obvio que no lo necesitaban. Si usted tuviera una cartera de 100 millones de dólares, sus ingresos pasivo y de inversiones serían más que suficientes para vivir el estilo de vida de los ricos y famosos.

Una de las razones de que el juego *CASHFLOW* sea importante para cualquier persona con intenciones serias de convertirse en millonario es que le enseña a convertir el ingreso ganado en ingresos pasivo y de inversiones, las dos entradas de los ricos. Es prácticamente imposible volverse rico a partir del puro ingreso ganado, y por desgracia, eso es lo que trata de hacer la mayoría de la gente. Una de las razones de que tantos ganadores de la lotería caigan en bancarrota es que no pueden convertir el ingreso ganado en pasivo o de inversiones.

Pero lo más importante es que este juego enseña cómo funciona un estado financiero, lo cual es algo que no puede aprenderse por medio de libros o con tan sólo jugar el juego unas cuantas veces. Como aprendemos mediante la repetición, jugar el juego de manera repetida puede ayudar a los jugadores a dominar los tecnicismos de un estado financiero, que es como su boleta de calificaciones una vez que termina la escuela. Al enseñar de manera reiterada cómo funciona en realidad un estado financiero, el juego también refuerza la importancia de los ingresos *pasivo* y *de inversiones*, los ingresos de los ricos. También enseña lo importante que es conocer la diferencia entre una deuda buena y una deuda mala. Al participar en el juego una y otra vez, usted comienza a romper el condicionamiento principal que casi todos hemos aprendido en casa y en la escuela: "Trabaja duro para ganar dinero." El juego entrena a su cerebro para que sepa cómo convertir el *ingreso ganado* en *ingreso pasivo* e *ingreso de inversiones*.

Algunas quejas sobre el juego *CASHFLOW*

Las tres quejas comunes acerca del juego son:

1. *Tarda mucho en aprenderse.* Yo recomiendo dedicar dos sesiones de cuatro horas cada una a aprender los principios básicos de todo el juego. De esas cuatro horas, invierta tres en jugar y una en hacer preguntas sobre las lecciones aprendidas con el resto de los jugadores. De acuerdo con los jugadores, la mejor parte del juego es la sesión de preguntas de una hora. Los jugadores relacionan el juego con sus retos financieros de la vida real. Después de dos sesiones, usted tendrá una mayor capacidad para probar diferentes estrategias financieras con el fin de ganar el juego. El juego tiene mucho en común con el ajedrez en cuanto a que no hay una fórmula específica para ganar. Cada vez que juegue se le presentarán diferentes retos financieros, y al resolverlos, aumentará su inteligencia financiera.

2. *Dura demasiado.* Este juego en verdad es bastante largo, sobre todo cuando la persona empieza a

aprenderlo. Sin embargo, su duración disminuye si el jugador aprende a resolver las diversas dificultades que se le presentan cada vez que juega. El objetivo del juego es ver de manera consistente si usted puede terminar de jugar en alrededor de una hora. En otras palabras, la duración del juego disminuye conforme su inteligencia financiera aumenta.

3. *Es demasiado caro.* En Estados Unidos, el juego de mesa *CASHFLOW 101* se vende por 195 dólares, incluye un video y tres cintas de audio. Estos artículos le ayudan a aprender el juego y se suman a todo el paquete educativo. La versión avanzada llamada *CASHFLOW 202* necesita el tablero del *101* para jugarse y se vende por 95 dólares. Por último, *CASHFLOW PARA NIÑOS* (para edades de seis años en adelante) cuesta 59.95 dólares. El alto precio de los juegos se debe a que son de producción limitada. Decidimos venderlo caro porque queríamos que la gente supiera que éste era un producto educativo creado sólo para las personas que toman en serio su educación financiera. Un estudio de mercado mostró que cuando un juego era menos costoso la gente lo percibía como un juego de entretenimiento. Nos preocupaba que la gente que no tomaba en serio su aprendizaje lo regresara y pidiera la devolución de su dinero. Es posible que estos juegos se vuelvan más baratos a medida que más personas se den cuenta de que son artículos educativos y se incremente su producción. Son divertidos una vez que usted aprende

a jugarlos pero, al igual que cuando comienza a andar en bicicleta, las primeras etapas pueden ser difíciles. Las versiones electrónicas de *CASHFLOW 101* y *CASHFLOW PARA NIÑOS*, lanzadas en 2003, también están disponibles por medio de nuestra página en la red, *www.richdad.com*. La creación de las versiones electrónicas ha requerido de varios años de investigación y desarrollo porque es importante para nosotros incluir en ellas los elementos del aprendizaje cooperativo y la formulación de preguntas. Nos emociona decirle que no sólo puede jugar contra oponentes generados por computadora y con otras personas en la misma computadora, sino que ahora podrá jugar *CASHFLOW 101* hasta con cuatro personas de cualquier lugar del mundo, conectadas en línea.

Por ahora, los juegos de *CASHFLOW* son sólo para las personas que toman en serio su educación financiera. Como dijo mi padre rico: "Existen sólo dos cosas que puedes invertir: tiempo y dinero." La mayoría de la gente no está dispuesta a invertir tiempo o dinero en su educación financiera. A eso se debe que según el Departamento de Salud, Educación y Bienestar de Estados Unidos, sólo uno de cada 100 individuos habrá amasado una gran fortuna a la edad de 65 años.

Esperamos que esta proporción de uno por cada 100 cambie conforme la educación financiera se vuelva más accesible. Aunque aún es vigente nuestra queja de que las escuelas no enseñan la cultura financiera básica, decidimos que era buena idea desarrollar un plan de estudios para enseñar conceptos financieros fundamentales como una manera de contribuir y de ayudar a que las escuelas adopten el plan. Dicho programa de estudios, creado por y para maestros, se encuentra en la página electrónica *www.richkidsmartkid.com* y contiene cuatro minijuegos que enseñan la diferencia entre activos y pasivos, ingresos ganados, pasivos y de inversiones, y deuda buena y deuda mala, además de hacer hincapié en la importancia de la caridad. Mediante este sitio de internet, los maestros y las escuelas de todo el mundo pueden solicitar una copia gratuita de la versión electrónica de *CASHFLOW PARA NIÑOS*. Si nuestros niños pueden aprender los conceptos financieros básicos a una edad temprana, estarán mejor preparados para el mundo que enfrentarán como adultos y tendrán mejores oportunidades para lograr el éxito económico.

¿Quién califica su examen?

Como lo mencioné antes, una de las razones importantes de recibir una boleta de calificaciones en la escuela es que le proporciona un indicador de qué tan bueno es su desempeño y qué necesita corregir. Al *no* saber que su estado financiero es su boleta de calificaciones una vez que concluye sus estudios, muchas personas *nunca* saben en verdad qué tan bueno es su desempeño financiero. Mucha gente no puede maximizar su potencial de ingresos y acaba por sufrir presiones económicas la mayor parte de su vida. Aunque mi padre pobre fue un estudiante con un rendimiento casi impecable, en verdad no se percató de que había fracasado en sus finanzas sino hasta que perdió su trabajo, a la edad de 50 años. Lo triste fue que, aunque sabía que tenía problemas económicos a esa edad, no sabía qué hacer. Él sólo sabía que el dinero se le escapaba más rápido de lo que le llegaba. Ése es el precio de no saber cómo preparar y leer un estado financiero ni cómo corregirse después de experimentar una falla financiera. Al jugar *CASHFLOW* en la escuela, los niños entenderán mejor la importancia de sus propios estados financieros, así como la manera de crearlos una vez que terminen la escuela. Serán su boleta de calificaciones del resto de su vida.

Si se fija en el estado financiero que se incluye en el juego de mesa *CASHFLOW* en la página siguiente, notará una línea que dice *Auditor*.

En varias ocasiones, cuando he supervisado a gente que participa en el juego dentro de un seminario, noto que los jugadores no llenan la línea del auditor. Cuando les pregunto por qué la han dejado en blanco, a menudo me responden: "¿Acaso es importante?" o "no necesito que nadie revise mi trabajo". En esos momentos, me vuelvo más estricto y les hago saber que el auditor, que en este caso es otro jugador, *es uno de los aspectos más importantes del juego*. El juego pretende reforzar los buenos hábitos financieros, y tener a alguien que revise su estado financiero de manera regular es un hábito financiero indispensable para cualquier persona que quiera ser millonaria. En otras palabras, su auditor es en muchos sentidos como un maestro de escuela que revisa su trabajo de manera regular, le hace saber cómo progresa y le ayuda a hacer las correcciones necesarias. En la versión electrónica de *CASHFLOW 101*, la computadora

Su asesor financiero, mejor
conocido como su conciencia.

Meta: salir de la carrera de la rata y pasar a la pista rápida al crear su propio ingreso pasivo que se ... nde que sus gastos

Declaración de ingresos

Ingreso

Auditor

Persona a tu derecha

Descripción	Flujo de efectivo
Salario:	
Interés:	$XXX
Dividendos:	$XXX
Bienes raíces:	$XXX
Negocios:	$XXX

Ingreso pasivo= _____
(Flujos de efectivo por el interés + Dividendos
+ Bienes raíces + Negocios)

Ingreso total: _____

Gastos

Impuestos:	
Hipoteca:	
Pago del préstamo escolar:	
Pago del automóvil:	
Pago de tarjeta de crédito:	
Pago del crédito en casas comerciales:	
Otros gastos:	
Gasto por los hijos:	
Pago del préstamo bancario:	

Número
de hijos: _____
(Inicia el juego sin hijos)
Número
de hijos: _____

Gasto total: _____

Hoja de balance

Activos			Pasivos
Ahorros:			Hipoteca:
Acciones/FFInv/ CCDD* No. de acciones	Costo x acción		Préstamos escolares:
			Préstamos para el automóvil:
			Tarjeta de crédito:
Bienes raíces Pago inicial:	Costo:		Préstamos en centros de consumo:
			Otras hipotecas:
Negocios: Pago inicial:	Costo:		Pasivo: (Negocio)
			Préstamo bancario:

*FF de INv = Fondos de inversión, CCDD = certificados de depósito

CASHFLOW (el juego de mesa) está protegido por la patente 5826878 y otras patentes pendientes
© 1996, 1997, 1999 CASHFLOW Technologies, Inc. Todos los derechos reservados.

funge como el auditor de cada jugador y usted no será capaz de avanzar en el juego a menos que haya hecho las correcciones necesarias a su estado financiero después de cada movimiento.

Por costumbre, mi esposa y yo pasamos por este proceso de auditoría financiera dos veces al mes. Viene nuestro contador, sacamos nuestros estados financieros y talonarios de cheques, y revisamos en detalle nuestra vida financiera, como dije, dos veces al mes. Cuando pasábamos por apuros económicos, éste era un proceso doloroso. Era como ver una boleta de calificaciones llena de notas bajas y reprobatorias. Pero a medida que aprendimos de nuestros errores y corregimos y mejoramos nuestra situación financiera, estas sesiones de auditoría quincenales se volvieron divertidas. Esto debe ser como recibir una boleta de calificaciones con promedio de MB, un placer académico que yo nunca conocí. Cuando Kim y yo comenzamos nuestra relación en 1985, observábamos que nuestros estados financieros contenían muy poca información. Las deudas de mis desastres financieros anteriores llenaban la columna de pasivos y no teníamos nada en la de activos. Ver nuestros estados financieros resultaba algo muy desagradable. Era como mirar la radiografía de un paciente con cáncer, y sólo para mí, eso era un cáncer financiero.

Hoy tengo entradas considerables en la columna de activos. El número de entradas en la columna de ingresos ganados, pasivos y de inversiones se ha incrementado, así como la cantidad de ceros que hay después de cada número en la columna de ingresos. Nuestros ingresos pasivos y de inversiones son mucho mayores que lo que aparece en la columna de gastos.

En 1985, nosotros teníamos que trabajar para sobrevivir, pero hoy trabajamos por gusto. Dudo que hubiésemos logrado esto sin la educación financiera que me dio mi padre rico. Sin dicha educación, yo no conocería la importancia de los estados financieros. No distinguiría entre los ingresos ganado, pasivo y de inversiones. No conocería la importancia de las corporaciones, cómo proteger mis activos y cómo minimizar mis impuestos. No me habría percatado de la importancia de las auditorías quincenales ni de por qué ser examinado y calificado dos veces al mes es algo esencial para convertirse en millonario. Esas auditorías quincenales son sólo parte del precio. Debido a la educación financiera que me dio mi padre rico, yo me volví millonario sin tener que cancelar mis tarjetas de crédito, ganar la lotería o asistir a un programa de concursos.

Mi columna de ingresos hoy

Hoy, Kim y yo tenemos una columna de ingresos que se ve así, en porcentajes:

Ingreso ganado	10 por ciento
Ingreso pasivo	70 por ciento
Ingreso de inversiones	20 por ciento

Hace pocos días, un periodista me preguntó: "¿Cuánto gana? "¿A cuánto asciende su sueldo?"

"No mucho", respondí. "Y prefiero no responderle cuál es mi sueldo. Tan sólo le diré que quizá sea menor que el suyo."

Él sacudió la cabeza y puso una expresión de confusión. "Entonces, ¿cómo puede escribir un libro sobre dinero?" También dijo que odiaba a los escritores que escribían sobre las relaciones de pareja sin tener una y a los que escribían sobre dinero sin tenerlo. La entrevista había concluido y él se retiró.

Ahora que usted cuenta con una educación financiera mucho más sólida, tal vez entienda por qué respondí de esa manera. Primero que nada, mi sueldo es muy bajo. *Esto se debe a que mi sueldo es ingreso ganado y éste es el ingreso que genera los mayores impuestos.* Otra razón de que mi sueldo sea tan bajo es que el ingreso pasivo proviene de regalías y bienes raíces. El ingreso de inversiones proviene de activos en papel, lo cual incluye dividendos de corporaciones, entradas por inversiones en bienes raíces e intereses.

Como quizá lo note, una de las mayores ventajas que da un poco de educación financiera es un tremendo control sobre la cantidad de dinero que pago en impuestos, lo cual es mi mayor gasto particular.

Ingreso profesional

Otro aspecto por destacar es que mis ingresos actuales no provienen de mi educación profesional. Tras graduarme de la preparatoria, asistí a la Academia de la Marina Mercante de Estados Unidos en donde estudié para ser oficial naval en barcos tanque, buques y barcos de pasajeros. También asistí a la escuela de aviación de la Marina de Estados Unidos en Pensacola, Florida, en donde me entrenaron para ser piloto profesional. Hoy ninguno de mis ingresos se deriva de esas dos profesiones.

Por otro lado, una buena parte mi ingreso pasivo proviene de una materia que reprobé en la escuela. Si usted recuerda, yo casi reprobé el segundo año de preparatoria por no poder escribir correctamente. Ese fracaso me hizo mejorar y hoy soy más conocido como escritor que como piloto u oficial naval. Y esta diferencia se mide en millones de dólares. En otras palabras, he ganado mucho más dinero gracias a mis fracasos que a mis triunfos.

Como lo afirmé antes en este capítulo, en la Era de la Información, muchos de nosotros tendremos más de una profesión. A eso se debe que, en dicha era, el problema no es *lo que usted aprende* sino *qué tan rápido aprende*. Recuerde la ley de Moore, cuya interpretación actual es: "La información se duplica cada 18 meses." Y tenga en cuenta que el número de respuestas correctas que supo o las calificaciones que obtuvo en la escuela no miden el éxito que tendrá después en su vida. Su éxito lo mide el número de respuestas que usted *no sabe*, así como el número de veces que fracasa, se levanta, aprende de sus errores, hace correcciones sin culparse, mentir o justificarse, y entonces sigue adelante.

Definición de "perdedor"

Así pues, si usted desea saber qué es importante para su estado financiero, tan sólo haga una visita a su banquero más cercano. Llene su estado financiero y espere que él o ella lo rechace. Si no lo hace, tan sólo pida más dinero. Si lo rechaza, siéntese y pregúntele qué puede hacer usted para mejorar su boleta de calificaciones financiera. La educación que obtenga de esto podría ser invaluable y cambiarle la vida. Como dije, si desea saber lo que es importante en el mundo real, pregunte a su banquero. Ellos ven *boletas de calificaciones* todos los días.

Pero si los banqueros saben tanto, ¿por qué no son ricos? ¿Por qué aún trabajan para el banco y se ocupan de los negocios de otras personas? La respuesta se encuentra dentro un tema que abordé antes en este libro —la ley de Newton que afirma que *a cada acción corresponde una reacción igual y en sentido contrario*. La respuesta también se halla en la explicación de por qué para que alguien sea un policía bueno y honesto, también debe ser un buen ladrón. O de por qué todas las monedas tienen dos caras, un pájaro dos alas y nosotros dos piernas, brazos, ojos, etcétera. La razón de que la mayoría de los banqueros no sean ricos es que son demasiado conservadores. Para ser rico —sobre todo si se empieza de la nada—, usted necesita ser tanto buen banquero como buen apostador, y casi ningún banquero es un buen apostador. Como dijo mi padre rico: "Tú tienes que pagar doble precio." Y para ser rico, usted tiene que pagar el precio de ser buen banquero y buen apostador, y casi nadie es ninguna de estas cosas.

Mi padre rico nos dijo a Mike y a mí: "La razón de que la mayoría de los banqueros no sean ricos es que casi ningún banquero es apostador. Y la razón de que la mayoría de los apostadores no sean ricos es que casi ningún apostador es buen banquero."

Entonces yo le pregunté: "¿La mayoría de la gente es una cosa o la otra? ¿Apostadores o banqueros?"

A esta pregunta, él respondió: "No. Por desgracia, casi todas las personas son perdedores financieros."

"¡Perdedores!" exclamé con sorpresa. "¿No es ésa una manera muy dura de llamar a la gente?"

"Dije perdedores financieros", replicó él a manera de defensa. "No pretendo insultar a nadie. Déjame darte una definición de 'perdedor' para que no pienses que soy grosero."

"Sí, por favor dame una definición", respondí también de manera un tanto defensiva.

"Mi definición de 'perdedor' es alguien que no puede darse el lujo de perder", dijo mi padre rico.

"¿Alguien que no puede darse el lujo de perder?", repetí para tratar de entender esa definición.

"Permíteme explicarte mejor", dijo con calma. "Cuando se trata de dinero, la mayoría de los adultos no pueden darse el lujo de perder. Hoy, muchas personas viven en lo que yo llamo la 'línea roja'. Ya que te interesan los autos, sabes bien que la línea roja de un auto es ese punto en el que las revoluciones por minuto (rpm) del motor son tantas que si aceleras más, el motor se deshará."

"Entonces cada dólar que reciben como ingreso se les va como gasto", dijo de repente Mike.

"Correcto", dijo mi padre rico. "Ellos no pueden darse el lujo de perder porque su economía ya está perdida." Mi padre rico hizo una breve pausa para leer nuestros ojos y continuó: "Eso es muy triste. Existen millones de personas en este país, el más rico del mundo, que viven en la línea roja financiera."

"Y ésa suele ser la gente que dice: 'Invertir es riesgoso' o '¿qué tal si pierdo dinero?' A menudo las personas dicen eso o se aferran más a su dinero porque saben que ya han perdido la batalla financiera", concluí.

Mi padre rico asintió con la cabeza. "Miren, un verdadero apostador sabe que el ganar y el perder van de la mano. Los apostadores profesionales no se engañan a sí mismos al pensar que sólo van a ganar. Ellos saben que quizá también pierdan. También saben que para ganar, con frecuencia deben perder."

"Entonces es por ello que si quieres ser rico, tienes que ser banquero y apostador a la vez", añadí, empezando a entender más. La idea de que un buen policía también necesita ser un buen ladrón comenzó a adquirir más sentido.

"Y también a eso se debe que a los estudiantes que tienen buenas calificaciones no siempre les vaya bien en el mundo real", dijo Mike. "El mundo real no se compone de respuestas correctas. La vida real se compone de múltiples suposiciones, algunas de las cuales resultan ser correctas mientras que muchas otras acaban por no serlo."

Mi padre rico volvió a asentir. "Por eso muchas de las personas más ricas del mundo han sido las que cometen más errores. J. Paul Getty fue conocido por cavar muchos hoyos secos en su búsqueda de petróleo.

Era famoso por sus hoyos secos. Sin embargo, al final cavó uno que resultó estar en uno de los mayores campos petroleros del mundo, y se hizo rico. También se sabe que Thomas Edison falló 10 mil veces antes de inventar la luz eléctrica. Yo digo que la mayoría de las personas son perdedoras sólo porque viven sin permitirse siquiera una pequeña falla. Para tener éxito, ustedes deben ser banqueros y apostadores de modo que *puedan darse el lujo de perder*, porque todos los apostadores saben que *perder* forma parte de *ganar*."

Yo creé el juego de mesa *CASHFLOW* inspirado en las enseñanzas de mi padre rico. En el juego, usted aprenderá cómo ser banquero y apostador a la vez. Hoy existen demasiadas personas que desean poner su dinero en inversiones seguras y libres de riesgos. Me temo que varias de esas personas terminarán por ser grandes perdedores en la vida. Aunque quizá nunca pierdan, es muy posible que tampoco ganen. Éstas son las personas que planean volverse ricas al ser frugales, seguras y austeras, y al cancelar sus tarjetas de crédito. Como dijo mi padre rico: "Puedes hacerte rico por medio de la tacañería. El problema es que seguirás siendo tacaño."

¿Qué tanto puede darse el lujo de perder?

Una de las razones de que tantas personas jueguen a la lotería es que casi ninguna de ellas puede darse el lujo de perder un solo dólar. Y la razón de que haya tanta gente que juegue en las máquinas tragamonedas de los casinos es que sólo pueden darse el lujo de perder unos cuantos dólares. El problema es que al menos 60 por ciento de la población estadounidense no puede darse el lujo de perder mucho más que unos cuantos dólares. Esto se debe a que ya han perdido el juego financiero de la vida. Muchas personas no se darán cuenta de la gravedad de su pérdida sino hasta que pierdan su empleo o se vean obligadas a dejar de trabajar por causa de la edad o de problemas de salud. Si son afortunadas, contarán con familiares que tengan la posibilidad y la disposición de cuidarlos. Éstas son las personas que viven en la línea roja de la vida, enterradas hasta lo más profundo de alguna deuda mala. Se encuentran tan ocupadas en su supervivencia que ni siquiera pueden imaginarse una vida de abundancia. En nuestro libro *El cuadrante del flujo de dinero*, Sharon L. Lechter y yo incluimos un capítulo llamado "Asuma el control de su flujo de efectivo" para ayudar a esas personas a iniciar un plan para deshacerse de su deuda mala. Si siguen la fórmula, les ayudará a salir de su deuda en un periodo de entre cinco y siete años. Este plan consta de seis pasos sencillos, los cuales se han reproducido en las páginas de este libro para su consulta.

Estas mismas personas también creen que enriquecerse es cuestión de suerte. En una de mis charlas, una persona me preguntó: "¿Cuál es el papel de la suerte en sus finanzas?" La respuesta que di era a su vez un comentario que alguien más me había hecho, pero por desgracia no recuerdo el nombre de esa persona. Agradezco mucho a ese individuo y le pido disculpas por no recordar su nombre. Pero sí recuerdo su respuesta: Un acrónimo con la palabra *luck* ("suerte" en inglés) que reza así:

Laboring
Under
Correct
Knowledge

En español, esto significa: "Trabajar con los conocimientos correctos."

Un día, mi esposa y yo perdimos 120 mil dólares en
una inversión muy mala y riesgosa. Esto molestó mucho
a un amigo cercano, casi como si hubiéramos perdido
su dinero. Nos dijo: "Ninguno de los dos tiene suerte."
Kim y yo no dijimos mucho al respecto pues no hay
una verdadera razón para debatir con alguien que vive
con miedo a perder. No le mencionamos que también
habíamos ganado alrededor de un millón de dólares y
que sólo se habían perdido 120 mil dólares de nuestra
cartera de inversiones. Tampoco le comentamos que en
realidad nos sentíamos afortunados por dos razones. La
primera es que aprendimos mucho más de los 120 mil-
dólares perdidos que del millón ganado. Y la segunda es
que pudimos darnos el lujo de perder tanto dinero sin
sentirnos mal por ello. En 1985, Kim y yo pertenecía-
mos a ese grupo de personas que no podían permitirse
perder nada.

Capítulo 4

¿Cuál es el precio de cancelar sus tarjetas de crédito?

¿Qué hay de malo en cancelar sus tarjetas de crédito?

Para mí, cancelar las tarjetas de crédito es como cuando una persona necesita adelgazar y se somete a una dieta extrema. Con todo rigor, usted sigue la dieta durante un mes y vive sólo con tres zanahorias en cada comida y cuatro onzas de yogur sólo como postre después de la cena. Después de 30 días, usted ya no puede más. Un día en el centro comercial, un joven que trabaja para la fábrica de galletas con chocolate le ofrece una pequeña prueba. El aroma de esas galletas recién horneadas seduce sus sentidos, así que usted se dice: "Vamos, pruébalas. Te has portado bien. Come sólo un trocito de esa galleta." De repente, se sorprende al ver que ha comprado una bolsa de galletas para *llevar a casa para la familia*, pero dicha bolsa no alcanza a salir del centro comercial. Comienza el atracón y pronto usted pesa 10 libras más que cuando comenzó la dieta. La acción de la dieta extrema conduce a la reacción de comer en exceso.

Las personas que me conocen, saben que yo no tengo la solución para el síndrome del descontrol alimentario.

Si tuviera la dieta que garantizara el adelgazamiento permanente, sería más rico que Bill Gates. Pero, por desgracia, sé muy bien lo que se siente seguir una dieta y luego volver a comer de manera compulsiva. Yo soy la única persona de mi familia que tiene problemas de peso y los he tenido desde niño, de modo que no puedo culpar a la genética de mi familia. Aunque no tengo la solución para la pérdida de peso instantánea, sí tengo una solución para el despilfarro y las deudas con las tarjetas de crédito, y cancelar las tarjetas de crédito no forma parte de tal solución. Pero, de nuevo, mi solución conlleva un precio y una vez más la pregunta será: "¿Está usted dispuesto a pagarlo?"

Los bellos y su bestia

Un amigo mío y su esposa son unos modelos de belleza física. Son delgados, elegantes y sanos. Para ellos, ponerse a dieta no es un problema. Tampoco les cuesta trabajo ejercitarse en un gimnasio. Con lo que sí tienen dificultades es con el manejo de su dinero. Ambos se aproximan a los 50 años y tienen muy buenos ingresos. Sin embargo, gastan tanto que asustan a las personas que los conocen. Son de los que terminan de pagar sus viejas tarjetas de crédito con las nuevas. Justo cuando están al límite de sus créditos sobre el capital de la vivienda, compran una casa más grande. En otras palabras, trabajan duro y ganan mucho dinero tan sólo para gastar cada vez más. También tienen una criada de tiempo completo y una niñera para sus hijos. Tienen más autos, juguetes y ropa, y toman vacaciones más lujosas que la gente que gana

10 veces más que ellos. Son personas con un aspecto físico muy hermoso pero tienen a la *bestia* en su falta de moderación financiera.

Como hemos sido buenos amigos durante años, cuando nos juntamos, ellos me reprenden por mi falta de disciplina para el ejercicio y la comida y yo los regaño por su falta de disciplina financiera. Como lo dije antes, todos tenemos nuestras propias dificultades que vencer en la vida. La mía es la comida y la de ellos el dinero.

Los ricos tienen más deudas que los pobres

A mí me encanta gastar el dinero, pero Kim y yo no somos imprudentes con eso. Me fascina tener las cosas buenas de la vida. Me gusta tener la opción de volar en primera clase o en clase económica. Me agrada dejar buenas propinas cuando he recibido un servicio excelente, pero cuando el servicio es pésimo, no dejo nada. Disfruto al repartir bonos cuando entra dinero adicional a mi empresa. Me encanta hacer ricos a mis amigos cuando nuestras inversiones resultan bien. Adoro la libertad que compra el dinero. Y también me gusta trabajar cuando quiero hacerlo y no trabajar cuando no lo deseo. Para mí, el dinero es una diversión y me ofrece más opciones, pero lo más importante es que nos ha *liberado* a Kim y a mí del yugo de tener que trabajar para vivir. Por eso no entiendo a las personas que dicen: "El dinero no te da la felicidad." A menudo me pregunto lo que ellas hacen para divertirse.

Yo no creo que cancelar las tarjetas de crédito haga felices a las personas. Una de las razones principales de que las personas gasten dinero es que eso las hace felices. Ahora bien, hay gente que lleva al extremo su necesidad de felicidad financiera, al igual que hay gente que lleva al extremo las dietas y el ejercicio. Pero, en mi opinión, eliminar las tarjetas de crédito no funciona a largo plazo porque a la mayoría de la gente no le hace feliz dejar de hacer algo que le gusta. Si tuviera la oportunidad, la gente preferiría tener más dinero y libertad para disfrutar más de la vida. Las únicas personas que dicen que el dinero no da la felicidad son aquellas que ya tienen mucho dinero y son infelices, o aquellas que de plano no pueden ser felices. Yo creo que lo que tiende a hacer infeliz a la gente no es el dinero, sino la incapacidad de pagar sus cuentas o la falta de dinero para hacer las cosas que siempre ha soñado.

A finales de la década de los setenta, mi empresa ganó millones de dólares de manera muy rápida gracias a mi proyecto de carteras para surfista, hechas de nylon y velcro. Como yo era menor de 30 años, el dinero y el éxito se me subieron a la cabeza, o mejor dicho, al ego. Cada vez que miraba la hoja de balance de la compañía y veía cómo se acumulaba el dinero, me sentía más y más eufórico. Me volví arrogante y prepotente. Pensaba que con cada dólar que ganaba, aumentaba mi coeficiente intelectual. Por desgracia, me ocurrió justo lo contrario. Conforme el dinero aumentaba, mi inteligencia financiera disminuía. Pronto, me sumí de lleno en un mundo de autos veloces y mujeres más veloces aún. La experiencia de los autos y las mujeres fue divertida y no me arrepiento de haberla tenido. Pero esa época de mi vida no podía durar. El dolor de haber pasado de ser un millonario *de papel* a una persona con casi un millón de dólares de deuda *real* fue una experiencia que me hizo despertar. (Por eso, me preocupa que hoy tanta gente se sienta rica sólo por tener sus carteras de inversión llenas con activos en papel. Existe una gran diferencia entre los activos en papel y los activos reales, así como entre la riqueza en papel y la riqueza real.)

Después de perder mi primer millón, fui a ver a mi padre rico para pedirle consejo. Al revisar mi estado financiero, todo lo que pudo hacer fue sacudir la cabeza y decir: "Esto es un descarrilamiento financiero." Y entonces comenzó a reprenderme. Sin embargo, tal como lo dije al hablar del valor de los errores, aquel *descarrilamiento financiero* y la reprimenda que le siguió fueron dos de las mejores lecciones que he recibido en mi vida. Ese error ha tenido un enorme valor para mí y aún me sirve. Aunque esa falla me costó casi un millón de dólares, a la larga me hizo ganar muchos millones más y me dará más dinero en el futuro. Como lo afirmé antes, cometer un error y aprender de él puede ser una experiencia invaluable. Pero si usted lo comete y luego miente, culpa a los demás, lo niega o finge que nunca ocurrió, desaprovechará un buen error. Hoy, cuando me percato de que he cometido un nuevo error, me digo: "Mantente sereno y no pierdas la cabeza. Pon atención y aprende de esta experiencia. Esta experiencia, aparentemente mala, te servirá si estás dispuesto a aprender de ella. Pon atención y aprende tanto como puedas mientras te encuentres en el ojo del huracán."

Ser un millonario de papel antes de los 30 años para luego convertirme en un perdedor con una deuda real de un millón de dólares fue una experiencia horrible. Me gustaría poder decir que en verdad puse atención y agradecí la experiencia mientras mi situación se desplomaba. Pero no lo hice. Culpé a otros, mentí, negué y traté de evadir mis responsabilidades. Por fortuna, siempre conté con mi padre rico que me hizo aterrizar, dejar de culparme y comenzar a aprender una de las mayores lecciones de mi vida.

Cuando una deuda buena se convierte en mala

Después de mi gran experiencia de aprendizaje, y una vez que mi padre rico había terminado de reprenderme, me dijo: "Acabas de convertir un millón de dólares de deuda *buena* en un millón de dólares de deuda *mala*. No cualquiera comete errores tan grandes. Tú puedes aprender de esta experiencia o huir de ella. Depende de ti." Como dije, los errores pueden ser experiencias invaluables, pero cuando uno se encuentra en el ojo del huracán, suele ser difícil percatarse del valor de la propia estupidez. Sin embargo, aquel descarrilamiento financiero —como lo llamó mi padre rico— estaba repleto de enseñanzas invaluables. Una de las más importantes que aprendí fue a encarar mis errores, aprender de ellos y tratar de no repetirlos. Ésa fue la lección más importante de toda una serie de lecciones importantes porque, como dicen por ahí, decidí "entrarle al toro por los cuernos".

Otra lección importante tuvo que ver con las deudas buenas y malas. Yo no entendía muy bien esos conceptos, al menos no con la claridad que tuve a partir de aquel momento. Mi padre rico siempre me había advertido que distinguiera una deuda buena de una deuda mala. Él decía: "Cada vez que le debes dinero a alguien, te conviertes en empleado de su dinero." Después nos explicó a su hijo —el verdadero— y a mí que una deuda buena era aquella que alguien más paga por uno, mientras que una deuda mala era aquella que uno debe pagar con el sudor de la propia frente. Es por ello que él adoraba los bienes raíces en renta. Después añadió: "El banco te hace el préstamo, pero quien lo paga es tu inquilino." Yo ya había escuchado ese concepto y lo entendía racionalmente, pero no fue sino hasta entonces cuando en verdad aprendí la diferencia entre deuda buena y deuda mala en cuerpo, mente y espíritu. Hoy me asusto cuando veo que la gente intercambia la deuda de su tarjeta de crédito por un préstamo sobre el capital de la vivienda. Tal vez ellos piensen que es una buena idea —después de todo, el gobierno les ofrece una deducción impositiva por hacerlo—, pero hoy yo sé bien que no lo es.

Todo lo que hacen es cambiar una deuda mala de corto plazo que es muy cara por una deuda mala de largo plazo que resulta menos cara. Quizá esto les proporcione un alivio temporal, pero no soluciona el problema. Ellos cambian la deuda de su tarjeta de crédito por una segunda hipoteca, y quienes han leído mis otros libros saben que la palabra inglesa *mortage*, "hipoteca", proviene de la palabra *mort*, que en francés significa "muerte". En otras palabras, *mortage* significa "un compromiso hasta la muerte". Al igual que mis amigos que trabajan duro tan sólo para endeudarse más, estas personas gastan y gastan sin aprender la lección. A menos que algo cambie, estarán comprometidos hasta la muerte con una deuda mala.

Después de que perdí todo, me sentí mal, culpé a otras personas por mis errores y quise evadir mis problemas. Mi padre rico me forzó a enfrentar mis errores. La revisión de los números fue un proceso doloroso, pero muy útil. Al realizarlo, resultó obvio que no había manera en que yo solo pudiera saldar toda la deuda, por más duro que trabajara. La mayoría de la gente pierde sólo un poco de dinero a la vez y su deuda crece poco a poco. Pero cuando usted pierde mucho dinero, el dolor y la realidad de una deuda mala y enorme es algo que le cambia la vida. A mí me la cambió. Cuando se pierden 100 mil dólares, o se contrae una deuda por esa cantidad, la mayoría de las personas son capaces de ponerse a trabajar duro y logran saldarla. Pero cuando se trata de un millón de dólares, el trabajo duro por sí mismo no es suficiente, al menos cuando se tienen ingresos tan limitados como los que yo tenía.

Cuando mi padre rico ya me había tranquilizado, me miró y dijo: "Podrías evadir tu situación y hacer de cuenta que nunca ocurrió. O bien, puedes convertirla en la mejor experiencia de tu vida." Las personas que han leído nuestro segundo y tercer libros —*El cuadrante del flujo de dinero* y *Guía para invertir*— ya saben algo sobre mi periodo de recuperación y las diferentes lecciones que aprendí en ese proceso.

Aquel día de 1979, mi padre rico me enseñó una de sus lecciones más valiosas. Ese día, dijo: "Los ricos tienen más deudas que los pobres. La diferencia es que ellos tienen deudas buenas mientras que los pobres y la clase media están plagados de deudas malas." También añadió: "Debes tratar todas las deudas, sean buenas o malas, de la misma manera en que tratas una pistola cargada o sea, con mucho respeto. Las deudas pueden llegar a dañar seriamente, incluso aniquilar, las finanzas de las personas que no respetan su poder. Las personas que respetan y utilizan el poder de las deudas pueden enriquecerse más de lo que nunca han soñado. Ahora lo sabes: las deudas tienen el poder de hacerte muy rico, pero también tienen el poder de hacerte muy pobre."

Utilizar el poder de las deudas

Existen muchas razones por las que yo no concuerdo con quienes dicen: "Cancele sus tarjetas de crédito, líbrese de deudas y viva con austeridad." Esto se debe a que no creo que tales consejos resuelvan los problemas de alguien que quiera ser rico. Las personas que desean ser ricas, tener mucho dinero y disfrutar del estilo de vida que el dinero puede dar no lo lograrán con el solo hecho de cancelar sus tarjetas de crédito y librarse de deudas. Esto tampoco las hace necesariamente felices. Estoy de acuerdo con que, por meros principios financieros básicos, eliminar las tarjetas de crédito es un buen consejo para la *mayoría* de la gente. Pero el solo hecho de librarse de deudas no funciona para alguien que quiera volverse rico y disfrutar de la vida. Si una persona desea enriquecerse, necesita saber cómo endeudarse *más*, así como aprender a *respetar* y *utilizar el poder* de las deudas. Pero si una persona no está dispuesta a aprender a respetar y utilizar el poder de las deudas, entonces cancelar sus tarjetas de crédito y vivir con austeridad es un excelente consejo. Cualquiera que sea su decisión, conllevará un precio.

Un gran auto usado

Hace unos cuantos meses, vino un amigo a mi casa para mostrarme su auto nuevo. "Hice un trato estupendo", dijo. "Sólo pagué 3 mil 500 dólares por él, gasté otros 500 en algunas piezas y funciona de maravilla. Podría venderlo con facilidad en 6 mil dólares." Entonces dijo: "Ven. Pruébalo. Llévalo a dar una vuelta." Como no quería ser grosero, accedí a dar una vuelta con el auto alrededor del vecindario. Al final de la prueba de manejo, sonreí y dije: "Es un gran auto." Sin embargo, en el fondo yo pensé: "Necesita un buen retoque de pintura y el interior huele a cigarrillos viejos. No me gustaría poseer un vehículo tan deprimente." Al volver a tomar sus llaves, mi amigo sonrió y dijo: "Sé que no es una belleza, pero lo pagué en efectivo, así que no me endeudé." Cuando se fue, salió humo blanco del escape.

Si desea ser más rico, compre un auto nuevo

Mi esposa Kim tiene un hermoso Mercedes convertible. Yo poseo un Porsche convertible. Incluso cuando estábamos en bancarrota usábamos Mercedes, Porsches u otros autos buenos. Y no los pagamos en efectivo; los compramos mediante préstamos. ¿Por qué? Permítame explicárselo con el siguiente relato que suelo contar en mis seminarios. Es una historia acerca de las deudas buenas y malas, así como del goce de las cosas buenas de la vida.

En 1995, recibí una llamada de mi distribuidor local de la Porsche. Dijo: "El auto de tus sueños está aquí." Yo me dirigí de inmediato a su sala de exhibición para que me mostrara un Porsche Speedster 1989. Ya sabía que sólo había en existencia 8 mil unidades de este modelo, fabricadas en un periodo de tres años. En 1989, los devotos de Porsche compraron estos modelos, los colocaron en plataformas y los guardaron. Si usted encontraba algún coleccionista que vendiera uno, el precio que pedía por él oscilaba entre los 100 mil y los 120 mil dólares en 1989. Pero en 1995, yo estaba en busca del más raro de los Porsche Speedsters 1989. Se trataba de la primera unidad de este modelo que fue fabricada, y que además tenía la carrocería turbo de Porsche, lo cual significa poco salvo para los más fieles aficionados al Porsche. Como era la primera unidad ensamblada, fue el modelo que la automotriz envió para exhibirse alrededor del mundo, además de ser el auto que apareció en las fotos de los folletos. Ese vehículo en particular también incluía una placa especial de la fábrica Porsche. En 1989, al concluir la gira mundial de exhibiciones, esa unidad también fue colocada en una plataforma y almacenada. Cuando un coleccionista decidió venderla en 1995, el distribuidor me llamó. Es posible que la hayan usado, pero sólo tenía 2 mil 400 millas recorridas.

Mi esposa Kim vio cómo yo entraba en estado hipnótico mientras subía al auto de mis sueños. Me senté, tomé el volante y di un respiro profundo, percibiendo el rico aroma a piel que permanecía en el interior del coche. Su estado era impecable y su color perfecto, un tono al que la Porsche llama *lino metálico*. Kim me miró y me preguntó: "¿Lo quieres?" Yo respondí con un movimiento afirmativo de cabeza y una sonrisa. "Entonces es tuyo. Todo lo que tienes que hacer es encontrar un activo para pagarlo." Volví a asentir con la cabeza, bajé del auto, olfateé los neumáticos y sonreí. Era el auto de mis sueños, ¡y era mío! Hicimos un depósito, acordamos un financiamiento con el distribuidor y salí a buscar un activo que pagara el auto. En otras palabras, iba a encontrar un *activo* para pagar mi *pasivo* y a utilizar una *deuda buena* para pagar la *deuda mala*.

Después de un poco más de una semana, encontré una propiedad fabulosa, solicité un préstamo para comprarla, la puse en renta y el efectivo comenzó a fluir de la propiedad pagada a la deuda del Porsche. A los pocos años, saldé la deuda del auto y seguí percibiendo ingresos a partir de aquella propiedad. En otras palabras, en lugar de empobrecerme por tener un pasivo caro, me enriquecí y *además* obtuve el auto de mis sueños, que aún me pertenece. Lo mismo hicimos cuando mi esposa encontró el Mercedes de sus sueños.

Las mejores cosas de la vida son gratis

Existe un dicho que dice: "Las mejores cosas de la vida son gratis." Yo estoy de acuerdo con eso. Una simple sonrisa puede hacer felices a muchísimas personas, y no cuesta nada darla. Una palmada en la espalda acompañada de la sola palabra "felicidades" no cuesta nada y puede iluminar el día entero de una persona. Tampoco cuesta nada el placer de contemplar un amanecer o una luna llena. Así que, en mi opinión, las mejores cosas de la vida son gratis. De lo que yo hablo en esta sección es de las cosas buenas de la vida que cuestan dinero. El tipo de felicidad al que me refiero es el que uno encuentra en las cosas materiales. Yo no escribo sobre la felicidad interior porque las posesiones materiales no pueden dársela si usted no la tiene. La felicidad interior es gratis y un tesoro invaluable. Y aunque cada uno de nosotros tiene libre acceso a su propia felicidad interior, no todos la encontramos.

La importancia del estándar de vida

Si yo estuviese en la preparatoria, aquel auto-ganga de 3 mil 500 dólares de mi amigo sería el auto de mis sueños. Habría conducido ese auto con orgullo y lo habría presumido a todos mis amigos. Pero a los cuarenta y tantos años, ya no era mi sueño conducir un auto barato. Eso tiene que ver con algo llamado *estándar de vida*, que es un criterio para medir su felicidad y satisfacción materiales. Ser consciente de su felicidad material y de los cambios en su estándar de vida es importante por tres razones:

1. *Sus estándares cambian.* A medida que envejecemos, los cambios que sufrimos hacen cambiar nuestros estándares de vida. Si una persona descubre que ahora tiene gustos más exigentes pero no ha realizado cambios que le permitan darse esos refinamientos, es posible que comience a pedir dinero prestado y a agrandar sus deudas malas para permitirse dichos cambios. Si usted cambia sus estándares, sobre todo cuando se vuelven más caros, es importante que encuentre maneras de elevar sus ingresos para que pueda procurarse dichos cambios.

2. *Es importante respetar esos cambios internos en los estándares materiales.* La felicidad interior de una persona puede verse afectada si sus estándares materiales cambian

pero sus finanzas no logran ir a la par con estos cambios. Por ejemplo, tal vez yo habría sido un preparatoriano feliz con un auto usado de 3 mil 500 dólares, pero hoy sería un adulto infeliz si tuviera que conducir el mismo con el auto que soñaba en mis tiempos de preparatoria. En la actualidad, yo conozco a muchas personas que no tienen paz interior por no poder ir a la par de los cambios en su deseo por las cosas buenas de la vida. Conozco a mucha gente que es infeliz, vive con austeridad y trata de ser feliz al comprar sólo cosas baratas y accesibles para su bolsillo pero por debajo de sus estándares personales, los cuales se han vuelto más exigentes.

3. *Usted gastará menos si compra lo que desea.* Yo soy muy feliz con mi auto y mi esposa es feliz con el suyo. Quizá parezca que gastamos más al tratar de satisfacer nuestros estándares materiales, que incluyen nuestra casa y ropa, pero a la larga, gastamos menos en tiempo, dinero y felicidad porque compramos justo lo que queremos.

Las lecciones aprendidas

Hace varios años, mi padre rico dijo: "Algunas personas creen que Dios quiere que vivamos con frugalidad y que evitemos las tentaciones de las cosas buenas de la vida. Existen otras personas que piensan que Dios creó esas cosas tan maravillosas para que las disfrutáramos. Tú eliges en qué clase de Dios quieres creer."

Yo no cuento esta historia para jactarme con usted de que tengo el auto de mis sueños, sino porque deseo que tenga las cosas materiales tan maravillosas que este mundo puede ofrecer sin que sacrifique su bienestar financiero y acabe en un infierno económico. La sencilla historia de mi Porsche tiene que ver con las siguientes lecciones acerca de la abundancia:

Lección 1: La importancia de las deudas buenas y las deudas malas

Como lo afirmé antes, mi padre rico enfatizaba la importancia de la cultura financiera, así como el hecho de que su estado financiero es su boleta de calificaciones una vez que usted termina la escuela. En la página siguiente está un diagrama de la transacción del Porsche:

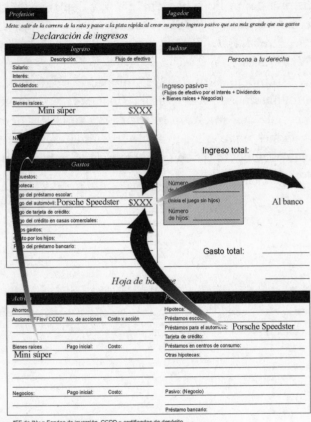

Éste es un ejemplo de mi estado financiero que demuestra cómo mis activos adquieren mis pasivos, también conocido como por qué los ricos se vuelven más ricos.

94

Como puede ver en el diagrama del estado financiero, yo pedí dinero prestado tanto para la inversión en bienes raíces —en este caso, un proyecto para un mini súper en Texas— como para el Porsche. El flujo de efectivo de la inversión cubrió los costos mensuales del auto. Debido a un buen manejo, el flujo de efectivo del mini almacén se incrementó de manera considerable y terminé de pagar el Porsche dos años antes de lo estipulado. Hoy, Kim y yo tenemos el inmueble, el flujo de efectivo y el Porsche. También seguimos un proceso similar para comprar su Mercedes. De este modo, nos enriquecimos a la vez que logramos poseer los autos de nuestros sueños. En cambio, nuestros amigos —aquella pareja que gasta más de lo que tiene y también maneja los autos de sus sueños— se empobrecieron en lugar de enriquecerse debido a que su única fuente de ingresos proviene de su sueldo. Ellos conservan su buen aspecto físico, pero sospecho que sus apuros económicos y deudas malas se los comen vivos por dentro. Ellos compran pasivos con deudas malas en vez de comprar activos con deudas buenas.

Lo que mi padre rico me enseñó fue a comprar activos con deudas buenas que proporcionen el flujo de efectivo que pague las cosas que usted desee. El flujo de efectivo de sus activos representa el dinero que trabaja para usted, algo que muchas personas, como mis amigos, aún no entienden.

¿Para quién trabaja en realidad?

Me permitiré repetir lo que mi padre rico solía decirme respecto de las deudas buenas y malas: "Siempre que debes dinero a alguien, te conviertes en empleado de su dinero. Por ejemplo, si pides un préstamo a 30 años, te conviertes automáticamente en su empleado durante 30 años. Por desgracia, ellos no te dan un reloj de oro cuando finiquitas la deuda."

Mi padre rico sí llegó a pedir dinero prestado, pero hacía lo posible por no ser él quien pagara los préstamos. Ésa es la clave. Su consejo amerita una repetición. Él nos explicó a su hijo Mike y a mí que las deudas buenas son aquellas que alguien más paga por usted, mientras que las deudas malas las paga usted mismo con el sudor de su frente. Su agrado por las propiedades en renta se basaba en que "el banco le da el préstamo, pero quien lo paga es su inquilino."

Utilizaré un ejemplo típico de la vida real para ilustrar con precisión cómo funciona esto. Imagine que encuentra una hermosa casa a la venta en un vecindario decente. Es verdad, la casa necesita ciertas reparaciones: quizá un techo, unos canales y una capa de pintura. Pero, en general, está rodeada por otras casas bastante bien conservadas, el barrio es seguro y las escuelas son buenas. Mejor aún, la colonia está justo al lado de una universidad pública local, la cual siempre está en busca de más viviendas para sus estudiantes a medida que aumenta la población estudiantil año con año.

El propietario desea retirarse y mudarse a algún lugar cálido y soleado. Él pide 110 mil dólares por su casa. Usted negocia un poco con él hasta que acuerdan un precio de 100 mil dólares. Ya tiene 10 mil ahorrados en su cuenta bancaria, de modo que ahora necesita una hipoteca de al menos 90 mil. Pero como en verdad todo lo que tiene a la mano son esos 10 mil dólares, decide solicitar un préstamo hipotecario de 100 mil. ¿Por qué? Porque con esos 10 mil dólares adicionales usted puede pagar los costos de cierre bancarios así como cubrir los gastos necesarios para pintar la casa y reparar el techo y los canales.

En la mayoría de los casos, el banco estará feliz de hacerle el préstamo. ¿Por qué? Porque la hipoteca está asegurada por el valor colateral de la casa. Esto significa que si usted fuera a un banco y solicitara un préstamo de 100 mil dólares sin tener ningún activo colateral o asegurado para respaldarlo, el banco lo rechazaría. Pero con el respaldo que le da la propiedad de la casa, el banco con todo gusto lo financiará. Recuerde, el negocio del banco son los préstamos y lo financiará si sabe que existe un valor colateral que ayude a asegurar dicho préstamo.

Pero continuemos. Bajo las tasas de financiamiento actuales, el banco le da una hipoteca de 30 años a una tasa de seis por ciento. Por supuesto, lo primero que ellos quieren son esos 10 mil dólares como anticipo, y usted se los da. Una vez incluidos sus impuestos por propiedad, el pago de su hipoteca mensual será de alrededor de 700 dólares. Pero como lo mencioné antes, a usted no le conviene volverse un empleado de ese préstamo bancario durante los siguientes 30 años. La mejor estrategia es hacer que alguien más salde su deuda.

Mi padre rico le sugeriría que tan pronto como cierre el trato y posea la casa, comience a llamar a aquella universidad local para que informe a sus alumnos que usted ya tiene disponible una casa en renta. Supongamos que decide cobrar una renta de mil dólares mensuales.

Si la casa tiene cuatro habitaciones, con facilidad podría alojar a cuatro estudiantes, cada uno de los cuales pagaría 250 dólares al mes. Ése es un precio muy módico incluso para los alumnos más austeros.

O bien, tan sólo podría acudir a la agencia de bienes raíces más cercana para ver si ellos pueden manejar la renta de su propiedad. Por una pequeña cuota de mantenimiento mensual, muchas agencias de bienes raíces no sólo encuentran inquilinos para su propiedad, sino que también se hacen cargo de cualquier reparación menor que requiera la casa, como el destape de los baños.

Pero hay más buenas noticias. Si su propiedad en renta le hace ganar mil dólares al mes y el pago de su hipoteca es de únicamente 700, entonces su ganancia neta es de 300 dólares mensuales. Esa ganancia neta es lo que se conoce como *ingreso pasivo*. Esto quiere decir que usted no realiza ningún trabajo para ganarlo. Es alguien más —sus inquilinos— quien paga su hipoteca a 30 años, y lo mejor de todo es que usted gana 300 dólares adicionales cada mes.

La filosofía de inversión en bienes raíces de mi padre rico se basa fundamentalmente en el flujo de efectivo. ¿Acaso recibe usted un flujo de efectivo positivo al final de cada mes? Pero también existe la filosofía popular de que los bienes raíces tienden a incrementar su valor. A la vez que percibe un ingreso adicional cada mes, también salda esa hipoteca mes con mes. Esto significa que aumenta la equidad de la casa de manera lenta pero estable. Como se cree que la mayoría de las propiedades en bienes raíces aumentan de valor con el tiempo, su inversión original de 110 mil dólares en esa vivienda también debería estar elevando su valor. En otras palabras, si dentro de 10 años usted decidiera vender la casa, es posible que para entonces el valor del inmueble en el mercado ascienda a 125 mil. Así pues, en teoría, usted obtendría una buena ganancia neta de 15 mil con la venta de la casa, además de todo el ingreso pasivo que halla percibido. Sin embargo, mi padre rico advertía: "Siempre vigila tu flujo de efectivo. Toma el encarecimiento potencial de los bienes raíces como un beneficio adicional, no como una razón para comprar."

Siga el consejo de quienes han tomado el control

Eche un vistazo a uno de mis libros anteriores llamado *Historias de éxito*. Se trata de una colección de historias de éxito de estadounidenses comunes (así como de algunas personas de otras partes del mundo) que se hartaron de tener siempre que batallar para sobrevivir hasta su siguiente día de pago. Tan sólo se cansaron y frustraron de esperar su fecha de jubilación, lo cual les permitiría, en teoría, vivir de su plan de pensiones 401(k) (bajo el supuesto de que dicho plan aún les proporcionaba el dinero suficiente para poder retirarse). En ese libro, usted encontrará testimonios directos y sencillos de personas —desde adolescentes hasta gente en vías de retiro— que han seguido los consejos de mi padre rico y han comenzado a desarrollar flujos estables de ingreso pasivo.

Muchas de esas historias de éxito se han desarrollado con base en la inversión en bienes raíces. Todas las personas mencionadas en el libro cuentan cómo han superado su miedo a dar el primer salto de fe financiero para encontrar su primera propiedad de inversión y hacerla realidad. Pero, de manera invariable, una vez que comenzaron a ver cómo se desarrollaba flujo del ingreso pasivo, casi todos ellos decidieron repetir el proceso, y en muchos casos, lo repitieron más de una vez. Algunos de estos individuos han pasado de poseer propiedades sencillas y unifamiliares a ser dueños de propiedades más grandes, y todos ellos señalan que han sido los consejos de mi padre rico lo que les ha indicado el camino a seguir.

En algunas de estas historias, los individuos decidieron invertir en pequeños negocios para obtener su libertad financiera. Uno de los capítulos trata sobre una mujer que comenzó a invertir en lavanderías automáticas. Tan pronto como ella y su marido descubrieron que se trataba de una inversión fácil y segura, decidieron invertir en otras dos lavanderías. Hoy, ellos cuentan con una situación económica bastante holgada y serán los primeros en decirle que tan sólo fue cuestión de hacer un poco de tarea financiera en casa y de dejar que su dinero trabajara para ellos en vez de ponerse a trabajar por dinero.

El problema es que la mayoría de la gente no parece progresar en sus finanzas debido a la carga mensual de cuentas por pagar. No es sino hasta que decide hacer algo por mejorar su estilo de vida financiero que encuentra la determinación necesaria para considerar otras formas de generar dinero. Y como decía mi padre rico: "Si deseas salir de la carrera de la rata, debes comenzar a aprender las diferencias entre los distintos tipos de ingreso: el ganado, el de inversiones y el pasivo." Ya sea que invierta en bienes raíces, negocios u otros tipos de inversiones, cuanto más pronto descubra que existen muchas maneras de ganar dinero mejores que tener un empleo, usted y su familia podrán ser más ricos.

Lección 2: El poder de la inspiración

Volvamos a la historia del auto usado en oferta de mi amigo. Conducirlo fue algo deprimente. El hecho de sentarme frente al volante no me produjo inspiración alguna. No escuché voces angelicales ni vi los cielos abrirse con bendiciones como cuando me senté en mi Porsche. Mientras mi amigo se alejaba en su auto, el humo que salió del tubo del escape me produjo náuseas. Por el contrario, cuando abro la puerta de mi cochera y miro mi Porsche, aún escucho voces angelicales. Adoro ese auto y la inspiración que me dio para salir e invertir en otra propiedad. En otras palabras, ese auto me dio la inspiración para ser más rico. Sentarme en el auto de mi amigo sólo me inspiró para tomar un baño.

Yo creo que el creador apoya a los seres humanos para construir cosas hermosas. Cuando miro una pintura, una casa o un auto hermosos, me siento inspirado. Siento la generosidad, la belleza y la abundancia de Dios, y eso me inspira para salir e invertir con más vigor. Nótese que dije *invertir*, no *trabajar*.

Yo percibo que la gente que se trata a sí misma de manera miserable *no* suele ser demasiado inspiradora. Tengo algunos amigos cercanos tan tacaños que cuando estoy en su casa me siento como si estuviese en el auto usado de mi amigo. Yo en verdad aprecio mucho a mis amigos y no les impongo mi visión financiera. Pero ellos se esfuerzan por vivir con austeridad mientras que Kim y yo nos esforzamos por vivir con más holgura cada vez, y eso marca una gran diferencia en la manera en que vivimos. Como dije, todos somos diferentes y hacemos distintas elecciones en nuestra vida. Tan sólo intento compartir con usted la manera en la que mi esposa y yo usamos los lujos de la vida como inspiración para volvernos más ricos.

Lección 3: A mi banquero le encanta prestarme dinero para invertir tanto en activos como en pasivos

La afirmación que hice en *Padre Rico, Padre Pobre* de que su casa no es un activo ha creado mucha polémica. De hecho, recibo más correspondencia de gente que está molesta con dicha declaración que con cualquier otro punto de mis libros. Con frecuencia digo: "Cuando su banquero le dice que la casa de usted es un activo, no le miente. Lo que pasa es que no le dice de quién es en realidad ese activo. Su casa es el activo de *su banquero*." También afirmo: "Yo no intento convencerle de que no compre una casa. Todo lo que digo es que no llame activo a algo que es un pasivo." Sin embargo, aún recibo ese tipo de correspondencia. Si tiene dudas de por qué su casa no es su propio activo sino el activo del banquero, tal vez le convenga releer mis otros libros.

Hay un punto sobre el que deseo profundizar en este libro. Su banquero le prestará dinero sin importar que lo que compre sea un *activo* o un *pasivo*. Su banquero no le dice cuál comprar. De modo que si usted quiere comprar un nuevo bote de motor y sus estados financieros muestran que puede cubrir los pagos, el banquero estará más que feliz de prestarle el dinero. Si desea comprar una casa de tres recámaras como propiedad en renta que le aporte ganancias y su estado financiero es favorable, por lo general, el banquero también le concederá el crédito. ¿Por qué? Porque ya sea que pida dinero para un pasivo o un activo, *para el banquero, cualquiera de los dos es un activo*. De este modo, las personas que primero solicitan créditos para comprar activos suelen terminar con más dinero para comprar pasivos. Y a las personas que sólo compran pasivos a menudo no les queda dinero para comprar activos. El asunto es que, como a su banquero en realidad no le importa si usted compra activos o pasivos —pues para el banco ambos son activos—, quizá a *usted* sí debería importarle. De hecho, cuanto más le importe, más feliz estará el banquero porque su trabajo consiste en prestarle dinero, no en rehusárselo. Los banqueros no ganan dinero a menos que se lo presten, así que entre más rico se haga usted, más feliz será el banquero. Yo adoro a mi banquero porque me presta dinero para comprar tanto activos como pasivos.

Lección 4: ¿Cuál es el activo que más gusta a su banquero?

El conductor de un programa radiofónico me preguntó: "¿En qué invierte usted?" Yo respondí: "Comencé por invertir en bienes raíces cuando tenía veintitantos años, de modo que el grueso de mis inversiones actuales son en bienes raíces. También soy dueño de algunos negocios y algunos activos en papel como acciones, bonos y fondos mutualistas."

El entrevistador dijo entonces: "A mí no me gustan los bienes raíces. No deseo arreglar baños ni recibir llamadas de los inquilinos a altas horas de la noche. Es por ello que yo no invierto en bienes raíces. Todo lo que

tengo está en acciones o fondos mutualistas." Entonces
dio por terminada la entrevista, pusieron anuncios comerciales y se me condujo fuera del estudio.

Una idea cara

Esa misma noche, reflexioné acerca de esa entrevista.
Me dije: "¡Qué decisión tan cara ha tomado ese entrevistador! No desea invertir en bienes raíces porque no
quiere arreglar baños o recibir llamadas nocturnas. Me
pregunto si sabe lo que esa sola idea le está costando."

En nuestro tercer libro, *Guía para invertir*, hablé
sobre las tres clases de activos primarios en que una
persona puede invertir. Éstos son:

1. Negocios
2. Bienes raíces
3. Activos en documentos

Esa noche, mientras permanecía sentado y en silencio,
pude escuchar a mi padre rico que me decía: "¿Cuál
de esas tres clases de activos es la que más gusta a mi
banquero?" La respuesta es *bienes raíces*. Si comparamos
los tres activos, vemos que es muy difícil recibir un
préstamo para iniciar un negocio pequeño. Es posible
que usted consiga un préstamo para un negocio pequeño, pero esos préstamos suelen requerir que afiance sus
otros activos como garantía.

También es difícil conseguir que su banquero le
preste dinero para comprar activos en documentos. Es
posible que él use los activos en documentos como cola-

terales y entonces le preste el dinero a título personal. *Es muy raro que un banquero le haga un préstamo a 30 años y a ocho por ciento para comprar acciones en documentos, pero sí se lo hará para comprar bienes raíces.*

Hace varios años, mi padre rico dijo a Mike y a mí: "Si quieren ser ricos, deben dar a su banquero lo que él quiere. Primero que nada, su banquero quiere ver sus estados financieros. En segundo lugar, un banquero quiere prestarles dinero para comprar bienes raíces. Tan sólo sepan lo que su banquero quiere y les será más fácil hacerse ricos." Ésa es una de las razones que me lleva a decir que el prejuicio del entrevistador de radio contra los bienes raíces es caro. Es una idea cara porque él tiene que usar sus propios dólares —los pocos que le dejan los impuestos— para comprar acciones, bonos y fondos mutualistas sin el poder del dinero de su banquero. Él tiene que usar el dinero más caro de todos, el que es fruto de su propio trabajo, después de que el gobierno ya ha recibido su tajada en impuestos.

Usemos un ejemplo de 10 mil dólares para ilustrar este punto.

Si el entrevistador radiofónico compra fondos mutualistas, sólo podrá comprar 10 mil dólares como máximo. Si invirtiera en bienes raíces, con facilidad podría adquirir una propiedad de 100 mil dólares con 10 mil suyos y un préstamo bancario de 90 mil. Doy por hecho que la propiedad tiene un flujo de efectivo positivo, lo cual significa que los pagos de los inquilinos cubren todos los gastos del costo de la hipoteca bancaria además de generar algún ingreso adicional. Supongamos que el mercado tiene un comportamiento positivo y que cada activo incrementa 10 por ciento en ese año. Los fondos mutualistas le generarán mil dólares y el inmueble 10 mil, más el ingreso producido por el flujo de efectivo, más la depreciación, y ningún impuesto a las ganancias de capital (lo cual ocurre en Estados Unidos cuando se usa un tipo de cambio con impuesto diferido en el momento de la venta). Quizá el fondo mutualista no produzca flujo de efectivo alguno, además de que no tiene derecho a beneficios de depreciación y se grava con base en las tasas del impuesto a las ganancias de capital si no pertenece a un plan de pensión.

Esto no quiere decir que los activos en papel sean malos. Yo poseo valores considerables en acciones y fondos de inversión. Lo que deseo ilustrar aquí es el costo que produce la idea de no querer invertir en bienes raíces. En mi opinión, el mayor costo de todos es la libertad personal. Para Kim y yo, lo mejor de los bienes raíces es el ingreso *pasivo* mensual por flujo de efectivo que producen, el cual genera impuestos menores que el ingreso *ganado*, lo que nos permite tener una plena libertad financiera. En otras palabras, los bienes raíces nos permiten tener deudas buenas, y éstas son justo el tipo de deudas que nos hacen enriquecer más rápido. Sin embargo, utilizar el poder del dinero bancario para enriquecerse más rápido también tiene un precio.

Si usted considera las ganancias en su capital, al no usar apoyo bancario, el rédito que obtiene sobre 10 mil dólares es 10 por ciento de tal cantidad. Pero al emplear el dinero bancario, usted obtiene una ganancia de 100 por ciento sobre *su* dinero. Eso también significa que el mercado de bienes raíces sólo necesitaría subir uno por

106

ciento para producir el mismo rédito que generaría una elevación de 10 por ciento en el mercado de activos en papel. Si usted toma en cuenta las ventajas fiscales, verá que el mercado de bienes raíces sólo necesita mejorar menos de uno por ciento para tener la misma ganancia neta que un mejoramiento de 10 por ciento en el mercado de activos en papel. Éstas son algunas de las razones que llevaban a mi padre rico a decir que siempre hay que darle al banquero lo que desea y a lanzar la advertencia de que siempre hay que tratar las deudas como si fuesen pistolas cargadas. Así pues, el dinero bancario puede ser un arma de doble filo; puede hacerlo ganar mucho dinero pero también puede hacer que lo pierda todo. El precio que hay que pagar por saber utilizar el dinero bancario es una inversión en su educación financiera así como varios años de experiencia. Si no está dispuesto a pagar ese precio, entonces no recurra al dinero ajeno. Use sólo su propio dinero y apueste a lo seguro.

Pagar el precio de la educación

Como lo mencioné antes, en la década de los setenta tomé un curso de inversión en bienes raíces que me costó 385 dólares. Ese seminario de tres días resultó ser una de las mejores inversiones que he hecho. Comencé poco a poco con pequeñas inversiones y dediqué cinco años a obtener la experiencia que necesitaba. Tampoco deseo arreglar baños ni recibir llamadas nocturnas, y no lo hago. Pero en verdad me gusta lo que me proporcionan mis inversiones en bienes raíces: muchas deudas buenas y mucha libertad.

En un seminario reciente sobre bienes raíces impartido en Dallas, Texas, en el que yo era el conferencista invitado, un hombre de alrededor de 60 años se acercó a mí. Él me había oído decir: "Mi padre rico me enseñó a ser inversionista en bienes raíces al jugar *Monopolio*, y todos sabemos que ese juego contiene la fórmula para obtener una gran riqueza. Esa formula es: 'compra cuatro casas verdes y conviértelas en un hotel rojo'."

Aquel caballero se aproximó a mí y me dijo: "¿Acaso debería convertir mis casas en hoteles rojos?"

Yo sonreí y le pregunté: "¿Cuántas casas tiene?"

Él tomó unos momentos para pensar y luego dijo: "Un poco más de 700."

"¿Qué?", fue todo lo que pude responderle.

Al sentarnos para averiguar más, supe que él era un ranchero del oeste de Texas. Durante los últimos 40 años, había comprado unas cuantas casas cada año para ponerlas en renta. Había vivido los altibajos de las industrias petrolera y ganadera en el oeste de Texas. En las épocas de crisis económica, compraba las casas de personas con problemas financieros y a menudo se las rentaba a ellas mismas. A medida que creció su flujo de efectivo, tan sólo compró más casas, la mayoría por menos de 65 mil dólares, y nunca vendió una sola de ellas. Y descubrí que, al momento de nuestra charla, él ganaba un promedio de 200 dólares al mes en flujo de efectivo positivo por cada casa. Me quedé boquiabierto y dije: "¿Quiere decir que recibe más de 140 mil dólares como ingreso mensual? ¿Más de un millón al año tan sólo de sus propiedades en renta?"

"Así es", respondió. "Por eso es que vine a preguntarle si usted piensa que debería empezar a vender algunas de mis casas verdes y comprar algunos hoteles rojos. Comprar esas pequeñas casas verdes quita mucho tiempo. Me gusta su idea de comprar edificios más grandes. Así no tendré que comprar tantos."

Yo sacudí la cabeza, reí y dije: "Para el próximo seminario, me gustaría que usted fuera el conferencista y yo el oyente." Entonces le di el nombre y el teléfono de mis asesores financieros y fiscales, y le sugerí que los llamara. También le dije que se encontraba en un nivel muy superior al mío. Mientras me daba las gracias por los números telefónicos, mi mente se remontó 40 años atrás, hasta la época en que mi padre rico jugaba *Monopolio* con Mike y conmigo. Mientras que yo jugaba *Monopolio* con casitas verdes de plástico, aquel caballero lo jugaba con casas de verdad. Entonces, pude escuchar cómo mi padre rico decía a Mike y a mí: "Mi banquero siempre quiere prestarme dinero para comprar bienes raíces. Así que siempre doy a mi banquero lo que él quiere."

Capítulo 5

¿Qué tan endeudado está en realidad?

Antes de que pueda emprender su camino hacia la libertad financiera, primero tiene que saber con precisión qué tan endeudado está. Para muchas personas, calcular la magnitud de su deuda es como ir al dentista; usted sabe que es bueno, pero no siempre resulta agradable. Algunas personas ya han desistido de hacerlo. Saben que se encuentran en un gran abismo, pero no quieren enfrentarlo.

Sin embargo, si usted tiene intenciones serias de desarrollar un flujo de efectivo positivo en su vida, tiene que comenzar con los fundamentos de la cultura financiera. He aquí un rápido cuestionario que le ayudará a ponerse en marcha. Anote un número uno delante de las preguntas cuya respuesta sea *sí*:

¿Acostumbra retrasarse en el pago de sus cuentas?

¿Ha llegado al punto de ocultar una cuenta a su cónyuge?

¿Ha dejado de reparar su auto por falta de recursos?

¿Ha comprado recientemente algo que no necesita y que no puede darse el lujo de pagar?

¿Suele gastar más dinero que el que recibe en su sueldo?

¿Le han rechazado alguna solicitud de crédito?

¿Compra boletos de lotería con la esperanza de salir adelante?

¿Se ha disuadido de ahorrar dinero para formar un fondo para contingencias?

¿Acaso el total de su deuda (sin incluir hipotecas) excede su fondo para contingencias?

Ahora sume todos los números que anotó. Si su puntaje es de cero, ¡excelente! Ya se encuentra en control de su flujo de efectivo. Si obtuvo entre uno y cinco puntos, le conviene pensar en alguna manera de reducir su deuda con base en el plan de mi padre rico. Si obtuvo entre seis y nueve puntos, tenga mucho cuidado. ¡Podría estar en camino de un desastre financiero!

Plan de emergencia para asumir el control de su flujo de efectivo

Si en verdad desea obtener el control de su flujo de efectivo, va a necesitar tres ingredientes básicos: ubicar el lugar en que se encuentra desde el punto de vista financiero, disciplina personal y un plan de acción que lo lleve hasta donde desee llegar. Utilice el estado financiero de nuestro juego CASHFLOW 101, incluido como apéndice en este libro, para llenar su propio estado financiero.

¿Le resulta difícil cambiar sus hábitos? No lo dudo. Pero esto depende de usted y de cuán deseoso esté de tomar el control de su vida financiera. Recuerde, no está obligado a dar ninguno de estos pasos. Pero si no lo hace, tan sólo se quedará donde está ahora, en la carrera de la rata donde gasta todo su sueldo en pagar cuentas que nunca dejan de llegar (claro, a menos que gane la lotería. Siempre me sorprendo al ver cómo mucha gente piensa que ganar la lotería en verdad es un plan sólido para hacer progresar su economía).

Pero volvamos a la realidad. Aunque no tiene que cancelar sus tarjetas de crédito, debe seguir un plan para reducir sus deudas. Los dos primeros pasos a seguir son: 1) *Páguese primero a usted mismo*. Cuando reciba su sueldo, la primera cuenta que pague debe ser para usted mismo. No es para pagar el auto, la hipoteca o la renta. Páguese una cantidad decente de dinero y entonces ponga ese dinero de inmediato en una cuenta separada de ahorro para inversiones. Y no lo toque hasta que esté listo para invertirlo de alguna manera. 2) *Su siguiente paso es reducir sus gastos en chucherías*. Llamo *chucherías* a esas pequeñas cosas en la vida que todos deseamos pero que en realidad no necesitamos. Puede tratarse de poseer un auto lujoso, cenar en restaurantes caros o vestir con ropa muy exclusiva. Cualesquiera que sean sus chucherías, tan sólo abandone el hábito de comprarlas por mero impulso. Aquí es donde en verdad pondrá a prueba su disciplina y fuerza de voluntad propias. Pero si de veras quiere salir de deudas, necesita adoptar la anticuada virtud de postergar su gratificación.

Si usted ha leído nuestros otros libros, quizá piense que ahora nuestras sugerencias han cambiado. Aunque mi padre rico creía que usted debe expandir sus medios económicos para procurarse el estilo de vida que desea, hay momentos en los que tiene que detenerse y tomar otras medidas para comenzar a andar por el camino correcto. Recuerde el dicho que reza: "Si te encuentras en un hoyo, deja de cavar." En un capítulo anterior hablé sobre las personas que se encuentran en la línea roja de la vida. Ellas apenas alcanzan a sobrevivir entre una fecha de pago y otra. Las siguientes recomendaciones, así como la fórmula para asumir el control de su flujo de efectivo —tomadas de nuestro libro *El cuadrante del flujo de dinero*, reproducidas a continuación e incluidas en el apéndice de este libro— están creadas para ayudarle a dar esos pasos drásticos que le permitirán dejar de cavar e iniciar un plan para tener un mejor futuro financiero.

¿Qué sigue?

Ahora que ha decidido disciplinarse y tomar el control de su flujo de efectivo, aquí tiene los siguientes pasos a seguir:

- Siga la siguiente fórmula para asumir el control de su flujo de efectivo, aparecida originalmente en nuestro libro *El cuadrante del flujo de dinero*:

Asuma el control de su flujo de efectivo

1. Revise el estado financiero que acaba de crear
2. Determine de qué sector del cuadrante del flujo de dinero recibe usted su ingreso actualmente
3. Determine de qué cuadrante desea recibir la mayor parte de su ingreso en cinco años
4. Comience a ejecutar su plan de administración de flujo de efectivo

A) Páguese primero. Aparte un porcentaje fijo de cada sueldo o de cada pago que reciba de otras fuentes. Deposite ese dinero en una cuenta de ahorros de inversión. Una vez que ese dinero llegue a esa cuenta, NUNCA lo saque hasta que esté listo para invertirlo.

¡Felicidades! Usted acaba de comenzar a manejar su flujo de efectivo.

B) Enfoque su atención en reducir su deuda personal.

Los siguientes son algunos consejos sencillos y listos para ser puestos en práctica, encaminados a reducir y eliminar su deuda personal.

Consejo 1: si tiene tarjetas de crédito con saldo en contra:

1. Elimine todas sus tarjetas de crédito, excepto una o dos
2. Cualquier nuevo cargo que agregue a la tarjeta o tarjetas que conserve debe ser pagado cada mes. No contraiga más deudas de largo plazo

Consejo 2: obtenga entre 150 y 200 dólares adicionales cada mes. Ahora que usted se está volviendo más educado desde el punto de vista financiero, esto debe ser relativamente sencillo de hacer. Si usted no puede generar 150 ó 200 dólares adicionales por mes, entonces sus oportunidades de lograr la libertad financiera pueden ser solamente un lamentable sueño de opio.

Consejo 3: destine esos 150 ó 200 dólares adicionales al pago mensual de SÓLO UNA *de sus tarjetas de crédito.* Ahora pagará usted el mínimo MÁS 150 ó 200 dólares de esa única tarjeta de crédito.

Pague únicamente el mínimo en todas las demás tarjetas de crédito. A menudo la gente trata de pagar una pequeña cantidad adicional cada mes en todas sus tarjetas de crédito, pero sorprendentemente esas tarjetas nunca terminan de ser pagadas.

Consejo 4: una vez que haya terminado de pagar la primera tarjeta de crédito, destine la cantidad total que venía pagando en esa tarjeta a la siguiente. Usted estará pagando la cantidad mínima en la segunda tarjeta MÁS el pago total mensual que pagaba en la primera tarjeta de crédito.

Continúe el proceso con todas sus tarjetas de crédito y otros créditos al consumo, como cargos de tiendas departamentales, etcétera. Con cada deuda que usted termine de pagar, destine la cantidad total que pagaba por esa deuda al pago mínimo de la siguiente. Conforme pague usted cada deuda, la cantidad mensual que paga aumentará en la siguiente deuda.

Consejo 5: una vez que todas sus tarjetas de crédito y otra deudas al consumo hayan sido liquidadas, continúe el procedimiento con los pagos de su automóvil y de su casa.

Si sigue este procedimiento se asombrará por el breve periodo que se tardará en quedar libre de deudas. La mayor parte de la gente puede quedar libre de deudas entre cinco y siete años.

Consejo 6: ahora que usted está completamente libre de deudas, tome la cantidad mensual que pagaba en su última deuda y coloque ese dinero en inversiones. Construya su columna de activos.

Es así de sencillo.

Otros consejos para ayudarle a asumir el control:

- Comience a pagar todas sus cuentas a tiempo para evitar recargos
- Encuentre una tarjeta de crédito con una tasa de interés más baja y que no cobre cuotas anuales ni de transferencia. Entonces quizá le convenga pensar en transferir a esa tarjeta sus deudas con las demás tarjetas de crédito. Esto le permitirá pagar menos en intereses y cuotas
- Abandone el uso de los cajeros automáticos que cobran comisión. ¡Usarlos es como pagar por usar su propio dinero!

Quizá necesite controlar sus hábitos de consumo:

- Adquiera el hábito de pagar en efectivo. Utilice la tarjeta de crédito sólo para emergencias
- Aprenda a dejar de comprar por mero impulso. Use su fuerza de voluntad para decir: ¡no!
- Compre en tiendas de mayoreo y de descuento
- ¡Respete su presupuesto! Si ha alcanzado su límite de 200 dólares para alimentos, omita las papas fritas y el helado
- Compre medicamentos genéricos o vaya a farmacias de descuento
- Comience a buscar un empleo de medio tiempo, un negocio o alguna otra manera de percibir un pequeño ingreso adicional
- Reduzca la intensidad de su termostato y apague unas cuantas luces para que disminuya su pago por electricidad

- Aprenda a preparar toda su casa para el invierno. Aísle las tuberías. Cambie sus ventanas si provocan corrientes de aire. Elimine esas áreas que le hacen perder energía
- Reduzca el uso tanto de su teléfono en casa como de su celular. Mucha gente tiende a ignorar que puede ahorrar mucho dinero de esta manera
- Revise bien las pólizas de sus seguros. Vea si puede encontrar algunas pólizas similares por el mismo precio. Aumente sus deducibles para reducir sus cuentas mensuales

En resumen, comience a desarrollar el hábito de controlar sus gastos y consumos. Dése una semana para ver cuánto puede ahorrar si no compra ese champú caro, si no sale a cenar o si acorta esas largas conferencias telefónicas. Si ahorrara 30 ó 40 dólares a la semana, en un mes, eso se convierte en más de 100. En un año, usted ahorrará mil 200 dólares o más, y ése es un muy buen abono en el pago de sus tarjetas de crédito.

Su meta debe ser salir de deudas lo más rápido posible de manera que pueda comenzar a asegurarse un mejor futuro y empezar a pensar como los ricos. Entonces podrá comenzar a comprar o desarrollar activos que le generarán el ingreso pasivo que pagará sus cuentas del teléfono, la electricidad, las pólizas de seguros, etcétera. Ésa es la filosofía de mi padre rico: expandir sus recursos económicos para tener el estilo de vida que usted elija.

Deudas garantizadas y no garantizadas

Existen dos tipos de deudas. Las deudas garantizadas (o aseguradas) son aquellas que cuentan con un respaldo colateral. Algunos ejemplos típicos de esto son las hipotecas sobre el hogar o los créditos automotrices. Las deudas no garantizadas (o no aseguradas) son las que no cuentan con dicho respaldo colateral. Éstas suelen incluir las deudas con las tarjetas de crédito, los préstamos personales y las cuentas médicas.

Las primeras deudas que deben saldarse son las no garantizadas. En el sistema de mi padre rico, dichas deudas constituyen de manera más clara lo que llamamos *deudas malas*, y cuanto más pronto pueda usted eliminarlas, más control tendrá sobre sus finanzas. Esto implica liquidar las deudas con sus tarjetas de crédito lo antes posible, con cualquier otra deuda similar que pueda tener.

Pero dediquemos un momento a hablar sobre las tarjetas de crédito. No hay duda de que son una comodidad fabulosa. Y en verdad no hay razón para eliminarlas, siempre y cuando usted sepa bien de qué maneras pueden meterlo en serios problemas financieros. Por ejemplo, muchas tarjetas de crédito le cobran una cuota anual por la simple posesión de la tarjeta. Pero además de esa cuota anual, le cobran una tasa de porcentaje anual por el dinero que les deba. Eche un vistazo a sus tarjetas de crédito. Hoy, la mayoría de ellas cobran alrededor de 10 por ciento sobre sus compras y saldo, pero algunas cobran mucho más: entre 20 y 25 por ciento. No necesito decir que usted gastará una fortuna en tratar de saldar las deudas de su tarjeta de crédito si paga únicamente la cuota mínima mensual. De ahora en adelante, acostúmbrese a pagar sus nuevas compras con su tarjeta de crédito cada mes.

¿Dónde puede encontrar las mejores tasas de porcentaje anuales? Es fácil. Revise las siguientes páginas de internet para que encuentre las mejores tasas y la manera de transferir la deuda actual con su tarjeta de crédito a una tasa de porcentaje anual mucho mejor:

- Bankrate.com (www.bankrate.com)
- Quicken.com (www.Quicken.com)
- CreditChoice (www.creditchoice.com)
- iVillage:Money Life (www.ivillagemoneylife.com)

Ahora concentrémonos en eliminar las deudas malas

Éste es el método preciso que yo sugiero para recuperar el control de su flujo de efectivo mensual:

Saque todas sus tarjetas de crédito de su cartera o bolsa. Con base en la fórmula para asumir el control de su flujo de efectivo, revise los diversos saldos en contra que tenga cada tarjeta. Verifique qué tarjetas tienen la deuda más pequeña y sáldelas primero. Luego, una vez que ha pagado por completo esas tarjetas, llame a las compañías crediticias que se las ofrecieron y cancélelas.

A partir de ahí, haga lo mismo con las tarjetas restantes. Continúe reduciendo esta deuda mala hasta que la haya liquidado por completo. Es muy importante que entienda que, en muchos casos, no es posible terminar este proceso en tan sólo uno o dos meses. Reducir la deuda con sus tarjetas de crédito es algo que puede tardar varios meses, incluso años, según la cantidad de efectivo de que usted disponga. Pero hágalo. Esto le proporcionará la maravillosa sensación financiera de ya no ser un esclavo de esas cuentas mensuales. Mejor aún, usted descubrirá que ahora cuenta con una cantidad adicional de efectivo cada mes para pagar otras deudas (como la deuda de su casa).

Una vez que haya saldado las deudas con sus tarjetas de crédito, utilice su dinero adicional para comenzar a liquidar la hipoteca de su casa. La mayor parte de los propietarios tienen la opción de prepagar su hipoteca. Revise el contrato de su hipoteca o consulte a su agente hipotecario para ver si existe esa posibilidad. En la mayoría de los casos, a los propietarios les resulta muy conveniente prepagar su hipoteca cada mes, pues de este modo en verdad ahorran miles de dólares. Con tan sólo añadir 50 dólares mensuales a su pago principal (pero cerciórese de que ese dinero en verdad se sume al pago hipotecario principal), usted restará años y miles de dólares a la hipoteca de su casa.

Lo mejor de todo es que aquellos individuos que tienen la fuerza de voluntad para seguir estas medidas tan sencillas encontrarán la solidez financiera y se librarán de deudas mayores en cuestión de pocos años. Tal vez esto le parezca imposible en su situación económica actual, pero créame, estas medidas en verdad le funcionarán.

Medidas de emergencia

Si está perdiendo la batalla contra todas sus deudas y se encuentra en la línea roja de su vida, quizá debería pensar en recibir asesoría financiera gratuita o económica.

Estos son algunos de los mejores lugares a los que puede recurrir:

- *The National Foundation for Credit Counseling* ("Fundación Nacional de Asesoría Crediticia") Este servicio no lucrativo, fundado en parte gracias a contribuciones de compañías de tarjetas de crédito, ofrece programas educativos así como asesoría crediticia confidencial. Si usted se encuentra muy endeudado, el asesor elaborará un plan de auxilio y negociará términos de pago favorables con sus acreedores.
- *Debtors Anonymous* ("Deudores Anónimos") Inspirado en Alcohólicos Anónimos, este grupo de apoyo sigue un programa de 12 pasos para ayudar a sus miembros a superar el consumismo compulsivo.

Capítulo 6

¿Cuál es el precio del cambio?

*La definción de locura es: "Hacer lo mismo
y esperar que las cosas cambien."*

DICHO POPULAR

Cuando hablo sobre el tema de las deudas buenas y malas, a menudo escucho preguntas como éstas:

1. ¿Qué pasa si el mercado se desploma?
2. ¿Qué pasa si cometo un error?
3. ¿Qué pasa si no puedo saldar la deuda?
4. ¿Qué pasa si no me interesan los bienes raíces?
5. ¿Cómo puedo darme el lujo de comprar bienes raíces si los precios son tan altos donde yo vivo?
6. ¿Acaso no todas las deudas son riesgosas?
7. ¿Acaso no es mejor estar libre de deudas?

Todas éstas son preguntas legítimas que se basan en preocupaciones realistas y no deben tomarse a la ligera. Yo escuché a un conocido inversionista decir: "Trate todas sus inversiones como si fuesen un mal negocio." Pero quizá usted también haya notado que el afamado inversionista *no dijo:* "Como sus preocupaciones son válidas, es mejor que no haga nada." Sin embargo, estos temores paralizan a millones de personas y les impiden hacer inversión alguna. Lo que suele hacer que la gente no cambie es el miedo a lo desconocido.

Retomemos las estadísticas del Departamento de Salud, Educación y Bienestar de Estados Unidos:

A los 65 años, de cada 100 personas:

1 era muy rica

4 eran acomodadas

5 aún tenían que trabajar por necesidad

54 vivían con apoyo de su familia o del gobierno

36 ya habían muerto

A mí me parece que una de las razones de que sólo una de cada 100 personas haya amasado una gran fortuna se debe a que la mayoría de estas personas no fueron capaces de cambiar cuando necesitaban hacerlo. Tan sólo siguieron haciendo lo mismo. Estoy seguro de que muchas de ellas deseaban cambiar, pero quedaron paralizadas por miedos y dudas tales como: "Pero, ¿qué pasa si el mercado se desploma? ¿Qué pasa si cometo un error? ¿Qué pasa si no puedo saldar la deuda?" En otras palabras, muchas personas no pueden cambiar porque se vuelven prisioneras de sus propias dudas y temores. Esas dudas y temores los fuerzan a seguir con mismo que siempre han hecho, y a pesar de ello, esperan que las cosas cambien, lo cual es la definición popular de *locura*.

La otra ley de Newton

Mi padre rico solía decir: "Para las personas que tienen miedo de cometer errores suele ser más fácil no hacer nada o hacer las mismas cosas." Otra ley universal de sir Isaac Newton, la *Ley de la conservación de la energía*, dice: "Un cuerpo en reposo permanece en reposo y un cuerpo en movimiento permanece en movimiento." En otras palabras, es más fácil que una persona continúe haciendo lo que siempre ha hecho porque un cuerpo en movimiento permanece en movimiento. Y es difícil que una persona cambie porque suele ser difícil iniciar algo nuevo, pues un cuerpo en reposo permanece en reposo. Así pues, el precio de convertirse en millonario suele implicar hacer algo diferente, empezar de la nada, echar a rodar la pelota y cometer unos cuantos errores hasta llegar a dominar esa nueva actividad. Esto suena sencillo y en realidad lo es y la razón de que la mayoría de la gente no haga algo sencillo que podría convertirla en millonaria se encuentra justo en esta ley de Newton.

Cambie algo más que su trabajo

En mi segundo libro, *El cuadrante del flujo de dinero*, yo hablé sobre los cuatro tipos diferentes de personas que habitan el mundo del dinero y los negocios. El siguiente diagrama representa el cuadrante del flujo de dinero:

Las cuatro letras significan: empleado, autoempleado o pequeño empresario, dueño de negocio e inversionista. Ese libro analiza las diferencias esenciales entre los cuatro tipos de personas que ocupan el cuadrante, así como los cambios que necesita hacer la gente si desea cambiar de cuadrante. Incluyo aquí el cuadrante para mostrar que aunque muchas personas desean cambiar, la mayoría queda atrapada en su cuadrante inicial. Por ejemplo, muchas personas terminan la escuela, consiguen un trabajo y permanecen en el cuadrante del empleado hasta que se jubilan. Sin embargo, es posible que anhelen romper con eso y hacer algo diferente, como invertir o iniciar su propio negocio.

Muchas personas suelen hacer cambios dentro de su propio cuadrante, pero no se mueven de ahí. Por ejemplo, realizan cambios dentro del cuadrante del empleado, por lo que van de trabajo en trabajo en busca de una paga o felicidad mayores. Como lo he explicado en mis otros libros, la razón de que haya tan pocas personas que se hagan ricas a partir del cuadrante del empleado es que las leyes más duras para dicho cuadrante son las fiscales.

Si una persona logra moverse de un cuadrante a otro, lo más común es moverse del E al A. Las personas que realizan este cambio, con frecuencia dicen: "Yo quiero hacer mi propio proyecto." O bien: "Yo quiero ser mi propio jefe." Pero también es difícil volverse rico dentro del cuadrante A porque si la persona deja de trabajar, también deja de percibir ingresos. Además, las leyes fiscales también son muy duras para los autoempleados.

Los cuadrantes D e I son los que ofrecen mayores facilidades para enriquecerse. Sin embargo, también presentan diferentes retos personales que enfrentar.

Si desea conocer con mayor profundidad los cuatro diferentes cuadrantes y la manera de hacer los cambios necesarios, le conviene leer *El cuadrante del flujo de dinero...* y recuerde siempre la *Ley de la conservación de la energía* de Newton. *Mi recomendación es que conserve su empleo actual y se dé al menos un plazo de cinco años para comenzar algo nuevo que le permita cambiar de cuadrante.*

Para aumentar sus probabilidades de convertirse en millonario, tan sólo cambie de cuadrante

La razón de que tantas personas jueguen a la lotería o participen en programas de concursos con la esperanza de hacerse ricas es que la mayoría pertenecen a los cuadrantes E o A. Una de las mejores maneras en que una persona puede aumentar sus probabilidades de convertirse en millonaria es cambiar de cuadrante. Aunque no hay ninguna garantía, si una persona opera desde los cuadrantes D o I, sus oportunidades se elevan de manera considerable. *Se calcula que menos de uno por ciento de las personas que alcanzan una gran riqueza provienen del cuadrante E, y el porcentaje es el mismo para las personas del cuadrante A.* En otras palabras, si usted tiene intenciones serias de convertirse en millonario en el menor tiempo posible, tal vez necesite cambiar de cuadrante. Yo mismo sabía que mis oportunidades de amasar una gran fortuna eran escasas o nulas en los cuadrantes E o A. Sabía que tenía las mejores oportunidades en los cuadrantes D e I, y fue justo ahí donde gané mis millones.

Cuando pregunto a la gente: "¿Quién *de verdad* quiere ser millonario?", también le pregunto si está dispuesta a cambiar de cuadrante. Algunos lo están, pero la mayoría no. ¿Por qué? De nuevo, la respuesta está en la palabra *cambio*. Para muchas personas, el cambio requerido para moverse de los cuadrantes izquierdos —E y A— a los derechos —D e I— conlleva un precio muy alto, más alto de lo que muchos están dispuestos a pagar. Aquellos que no estén dispuestos a realizar ese cambio deberán encontrar otras maneras de convertirse en millonarios, tales como ser tacaños y eliminar sus tarjetas de crédito, casarse con alguien por su dinero o volverse ladrones. Pero las personas que estén dispuestas a tratar de hacer el cambio, pueden usar el siguiente diagrama que les ofrezco —no discutido en *El cuadrante del flujo de dinero*— como una guía útil para los valientes de corazón, porque esto es lo que a menudo se necesita, un corazón muy valiente.

La guía para hacerse rico

Yo desarrollé el siguiente diagrama para explicar por qué el conocimiento que se obtiene en los libros o salones de clases no es suficiente para alcanzar un éxito financiero rotundo. Aunque el diagrama puede usarse para explicar muchas cosas diferentes, en este libro lo emplearé para exponer los cambios que una persona necesita hacer para volverse más rica desde el punto de vista financiero. A este modelo lo llamo la *Pirámide del aprendizaje*.

La pirámide del aprendizaje

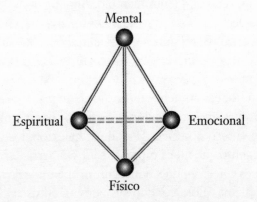

Si usted ha leído nuestro tercer libro, *Guía para invertir*, es posible que reconozca esta estructura como un tetraedro, que es un cuerpo geométrico con cuatro caras. Algunas personas dicen que se trata de una pirámide, y uno de mis maestros, el doctor Buckminster Fuller, dice que el tetraedro es una de las estructuras más estables del universo, lo cual podría explicar por qué las pirámides de Egipto han durado tanto. Sea lo que sea, este tetraedro sirve para explicar cuál es el precio de hacer los cambios necesarios para volverse rico o cualquier cambio en ese sentido. También explica por qué a mucha gente le cuesta tanto trabajo realizar los cambios necesarios.

Una de mis citas favoritas de Albert Einstein es: "Los espíritus grandes a menudo han encontrado una oposición violenta por parte de mentes mediocres." No pretendo utilizar esta afirmación para condenar a aquellos que no concuerdan con mis ideas. La utilizo para tener siempre presente que yo tengo tanto un gran espíritu como una mente mediocre.

Para explicar cómo funciona la pirámide del aprendizaje, usaré el siguiente ejemplo. Supongamos que una persona lee un libro que le sugiere invertir en bienes raíces o encontrar algunas otras deudas buenas. Su mente capta la idea de *invertir en bienes raíces, contraer algunas deudas buenas y hacerse rico*, y aunque esto *no* es algo difícil de hacer, mucha gente no lo logra. Quizá ellos lo piensen a un nivel racional, pero no logran concretar nada en el terreno físico. ¿Por qué? La razón de que haya mucha gente que no es capaz de salir e invertir *físicamente* en bienes raíces es que tienen un problema *emocional*. Y ese problema aflora cuando sus pensamientos *emocionales* dominan a sus pensamientos *mentales*. Cuando los pensamientos *emocionales* son sacudidos por nuevas ideas *mentales*, comenzamos a escuchar preguntas como las enlistadas al inicio del capítulo:

1. ¿Qué pasa si el mercado se desploma?
2. ¿Qué pasa si cometo un error?

Estos ejemplos describen cómo la emoción del miedo surge para desafiar una nueva idea mental, incluso una tan sencilla como la de comprar bienes raíces, contraer algunas deudas buenas y hacerse rico. Si el pensamiento *emocional* es más fuerte que el *mental*, el resultado *físico* suele ser una completa falta de acción. La persona puede atravesar por lo que se conoce como *parálisis del análisis* y pasar horas enteras sin realizar actividad física alguna, pero con una batalla interior entre sus pensamientos y emociones. O bien, es posible que la persona haga lo mismo que aquel conductor radiofónico durante mi entrevista, o sea, invalidar toda la idea de invertir en bienes raíces. Quizá usted recuerde la respuesta que me dio dicho entrevistador: "No deseo arreglar baños ni recibir llamadas de los inquilinos a altas horas de la noche."

Éste es otro ejemplo de cómo un pensamiento *emocional* domina una nueva idea *mental*. El conductor radiofónico no dio oportunidad alguna a la nueva idea, negándose así la posibilidad de alcanzar más rápido una gran riqueza y libertad financiera. Y, por si fuera poco, hacia el final de la entrevista, dijo: "Yo pensé que usted iba a decirnos cómo convertirnos en millonarios", a lo cual respondí: "Así lo hice. Le dije que la manera en que muchas personas se hacen millonarias y obtienen la libertad financiera es al tener muchas deudas buenas, pero lo único en lo que usted pudo pensar fue en *baños*." No necesito decir que no me ha vuelto a invitar a su programa.

El poder de las ideas

Aquel entrevistador no es la única persona que ha desechado ideas que podrían cambiar su vida tanto en lo económico como en otros terrenos. Yo lo hago. Todos hacemos cosas que nos hacen triunfar y cosas que evitan que triunfemos. El asunto principal de este capítulo es cómo podemos cambiar cuando sabemos que necesitamos hacerlo. Como lo afirmé antes, la definición de locura es hacer siempre las mismas cosas y esperar que las cosas cambien.

Mi padre rico dijo: *Una de las razones principales de que la mayoría de la gente no alcance una gran riqueza y libertad financiera es tan sólo que tiene miedo de cometer errores.* También añadió: "La razón de que tantas personas inteligentes y educadas no alcancen una gran riqueza es que en la escuela les enseñaron que los errores son malos. En el mundo real, la persona que comete más errores y aprende de ellos —sin mentir, engañar, negar o culpar a los demás— es quien gana." Así que, si observa el diagrama de la pirámide del aprendizaje, una gran razón de que las personas no se vuelvan millonarias, aún cuando su *mente* lo desee, es que sus *emociones* han aprendido el miedo a cometer errores. Mi padre rico solía decir: "Lo que hace fracasar a la mayoría de la gente es el miedo al fracaso." El miedo al fracaso es una idea *emocional* que necesita cambiar porque dicha idea *emocional* con frecuencia tiene más poder que la idea *mental*, y a eso se debe que haya tan poca gente que se vuelve rica.

Lo que funcionó en la escuela podría no funcionar en la vida real

Hace muchos años, cuando mi padre rico me dijo que su banquero nunca le había pedido que le mostrara su boleta de calificaciones, una de las lecciones más importantes que aprendí fue que aquello que funcionó en la escuela podría no funcionar en la vida real. Cuando conozco a personas con apuros económicos, suelo descubrir que su situación se debe tan sólo a que no pueden liberarse de algunas viejas ideas inculcadas por su familia, sus amigos y la escuela. En otras palabras, ellos siguen unas ideas que quizá ni siquiera saben que siguen, ideas tales como "no cometas errores", "consigue un trabajo estable y seguro" o "trabaja duro, ahorra dinero y no te endeudes". Estas ideas son buenas para las personas que valoran la seguridad por encima de la libertad financiera. Pero son malas para alguien que desea volverse millonario lo antes posible. Así pues, para mucha gente, el precio de convertirse en millonario es examinar sus viejas ideas y descubrir cuáles necesita cambiar. Pero recuerde, cuando una idea mental cambia, suele requerir acompañarse de un cambio emocional, físico y espiritual.

Al introducir la cultura financiera en una etapa escolar temprana, esperamos que las ideas de *comprar activos*, *dejar que el dinero trabaje para uno* y *lograr libertad financiera* se vuelvan más posibles y alcanzables.

Lo que funcionó en épocas de guerra podría no funcionar en épocas de paz

Para mí, el miedo al fracaso no fue un problema como lo es para muchas personas. Como lo mencioné antes, haber reprobado en la escuela a los 15 años por no poder escribir correctamente fue una de las mejores cosas que me han ocurrido. Hoy gano más dinero como escritor que la mayor parte de los estudiantes que obtenían MB en inglés. A partir de esa falla, también aprendí que mi verdadera boleta de calificaciones era mi estado financiero. Supe que el fracaso era algo bueno si aprendía las lecciones de los errores o las fallas. Me di cuenta de que podía sacar una gran ventaja al estar dispuesto a cometer más errores que las personas que me superaban académicamente. El problema fue que, aunque aprendí mucho al cometer errores, mi ausencia de miedo al fracaso también limitó mi aprendizaje.

Una de las razones por las que me ofrecí como soldado voluntario en Vietnam eran los retos emocionales y físicos que ofrecía la guerra. Aunque la mayoría de la gente decía "no quiero ir a la guerra" o "estoy en contra de la guerra", decidí que lo mejor era ir. Así pues, fui como voluntario a pesar de que estaba redimido del servicio militar. Lo bueno fue que el cuerpo de infantería de marina hizo una excelente labor de entrenamiento con hombres y mujeres jóvenes para superar nuestras dudas y limitaciones *emocionales* y *físicas*. Se nos entrenó con todo rigor para operar con la mente serena aún cuando estuviésemos emocionalmente aterrados y físicamente estimulados. Se nos capacitó para hacer nuestro trabajo y cumplir con la misión aun a costa de nuestra propia vida. Ese entrenamiento mental, emocional, físico y espiritual fue lo que me mantuvo vivo en Vietnam. Lo malo fue que ese entrenamiento también me estaba matando cuando regresé de la guerra. He pasado los últimos años *desaprendiendo* lo que *aprendí* en la preparación para la guerra.

Para sobrevivir en la guerra, fuimos entrenados para reaccionar en una fracción de segundo. A menudo teníamos que disparar antes de pensar, entrar en situaciones terribles sin preocuparnos por nuestra propia vida y hacer cosas horribles aunque no quisiéramos hacerlas. En otras palabras, tuvimos que realizar actividades *físicas* que quizá no habríamos deseado hacer, y no permitimos que nuestros pensamientos *mentales* y sentimientos *emocionales* interfirieran en nuestro trabajo.

Cuando regresé de la guerra, descubrí que mi capacidad para superar el miedo y mi disposición para pelear me estaban deteniendo. En épocas de paz, no es necesario comportarse como un guerrero. Pronto me di cuenta de que existe una gran diferencia entre la marina en tiempos de guerra y la marina en tiempos de paz. Los individuos que se convierten en generales del ejército son aquellos que pueden ser igualmente buenos en la guerra y en la paz, generales como Colin Powell y Norman Schwarzkofp. Ya en épocas de paz, yo necesité aprender a pensar y actuar más como político o diplomático, incluso dentro del cuerpo de infantería de marina. Tuve que aprender a ser más paciente, a pensar más antes de actuar, a ser más amable, menos brusco y menos dispuesto a pelear a la menor provocación. Éstas son lecciones que aún me cuesta trabajo aprender. Me he dado cuenta de que hoy tendría mucho más éxito financiero, social y profesional si hubiera realizado con más rapidez los cambios que necesitaba, pero no pude hacerlo. Como dije, pasé 25 años aprendiendo a pelear y tuve que pasar otros 25 años aprendiendo a *no pelear*.

Lo bueno para mí es que mi capacidad para dominar el miedo al fracaso me convirtió en un buen empresario e inversionista. Sin embargo, esas mismas capacidades también se volvieron una limitación para crecer y tener éxito. Como lo mencioné antes, una de las leyes de Newton dice: "A cada acción corresponde una reacción igual y en sentido contrario." Yo tenía que hacer grandes cambios personales en mi vida si quería que mi éxito creciera. Mi disposición para pelear me hacía ganar pequeñas batallas, pero perdía la guerra. Pronto me percaté de que si no consumaba esos cambios, sólo tendría un éxito limitado, tan limitado como alguien que tiene miedo de cometer errores. Para crecer, necesitaba cambiar.

Como dije, todas las monedas tienen dos caras y todos los apostadores necesitan ser buenos banqueros. En mi vida, yo había desarrollado mi lado guerrero durante mis primeros 25 años, y he desarrollado mi lado diplomático durante los últimos 25. Al contar con ambas facetas, mi éxito ha aumentado. Si tuviera sólo un lado de la moneda, estoy seguro de que mi éxito habría sido en extremo limitado. En otras palabras, mis fortalezas se habían convertido en mis debilidades, y para ser una persona plena, necesitaba convertir mis debilidades en fortalezas.

La vida es cambio

Cuando la gente me pregunta: "¿En qué debo invertir?", "¿Qué me recomienda hacer?", o, "¿Me daría la respuesta correcta?", yo no sé qué responder y, de manera diplomática, me reservo *mis respuestas*. A mí no me gusta dar ese tipo de respuestas porque las respuestas correctas sólo sirven en la escuela y en los programas de concursos. En la vida real, cada uno de nosotros tiene ciertas fortalezas, talentos y capacidades. También poseemos debilidades y quizá usted haya notado que nuestras fortalezas también suelen ser nuestras debilidades.

Para mí, la vida es cambio. En mi opinión, si usted no cambia hoy, podría hallarse en grave peligro porque hoy el mundo cambia más rápido que nunca. La gente que tiene más problemas es aquella que se aferra a sus viejas respuestas y a sus viejas boletas de calificaciones. La constante expansión de internet sólo podrá agrandar la brecha entre los que tienen y los que no tienen. Hoy existen chicos que ya ganan millones de dólares por medio del internet a pesar de no haber terminado aún la preparatoria. Ellos nunca han tenido un empleo y quizá nunca vayan a necesitarlo.

Como lo he dicho en mis otros libros, la idea del empleo es un producto de la Era Industrial. Cualquier persona que hoy siga apegada a las reglas de la Era Industrial quedará rezagada en sus finanzas respecto de quienes se ajusten a las nuevas reglas de la Era de la Información y, créame, las reglas son distintas. Si usted se aferra a la idea de la seguridad laboral, los aumentos de sueldo automáticos y la antigüedad, seguirá reglas creadas durante la Era Industrial. Lo bueno es que nunca ha habido mayores oportunidades para obtener una gran riqueza; pero para obtener tal riqueza, quizá usted deba pagar el precio del cambio.

El poder de su espíritu

La incertidumbre derivada del cambio suele provocar temor. Yo soy tan aprensivo hacia lo desconocido como cualquier otra persona. También tengo dudas respecto de mí mismo. Y como cualquiera, odio equivocarme y cometer errores. Pero lo bueno es que hoy todos tenemos que cambiar. Debido a internet, hoy el cambio es algo democrático. Todos tenemos que cambiar o pagar el precio del rezago, lo cual ocurrirá de manera lenta pero segura. Por fortuna, todos tenemos el poder para salir airosos de este cambio, siempre y cuando deseemos tener acceso a ese poder. Dicho poder se encuentra en la pirámide del aprendizaje (que vuelve a mostrarse a continuación). Y esa fuerza es el poder de su espíritu.

La pirámide del aprendizaje

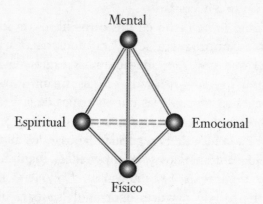

Una de las mejores cosas de haber ido a Vietnam fue que ahí pude presenciar el poder del espíritu. Si usted habla con los veteranos que participaron en combates reales, estoy seguro de que la mayoría de ellos le contarán sobre individuos que lograban dejar muy atrás las limitaciones mentales, físicas y emocionales que dificultarían la vida cotidiana de casi todos nosotros. Un querido amigo y compañero de la primaria llamado Wayne, pasó un año en el cumplimiento de una de las misiones más peligrosas de la guerra como Patrulla de Reconocimiento de Largo Alcance (LRRP por sus siglas en inglés). A las personas en ese puesto se les dejaba detrás de las líneas enemigas en un pequeño equipo de combate para recopilar información. A menudo, permanecían detrás de las líneas enemigas entre una semana y dos meses, y tenían que alimentarse con lo que podían encontrar en los alrededores.

Una noche reciente, estuve en la casa de Wayne en Hawai y discutimos los cambios que habíamos sufrido en nuestra infancia en Hawai, nuestra entrada a la universidad y nuestra experiencia en la guerra. Hablamos sobre cómo la experiencia de la guerra había cambiado en forma drástica las ideas de quienes somos y cuáles son nuestros valores fundamentales. Con toda calma, ambos compartimos relatos y rendimos homenaje a los jóvenes que dieron muestras de valor y heroísmo que iban mucho más allá de la llamada *línea del deber*. Yo narro esta historia sobre Wayne porque él tocó un tema que me gustaría enfatizar, relacionado con el poder del espíritu que todos llevamos dentro. Tranquilamente, durante aquella conversación nocturna, Wayne dijo: "Hubo dos misiones en las que yo fui el único que regresó vivo. Hoy sigo vivo porque los muertos continuaron luchando."

Yo sospecho que la razón de que haya tantos veteranos de Vietnam con problemas emocionales es que luchamos en una guerra que nosotros, como país, no teníamos intenciones de ganar y los que sobrevivimos estamos aquí tan sólo porque tuvimos amigos que dieron su vida para que nosotros viviéramos. Por si fuera poco, regresamos a un país que a menudo escupe sobre los soldados que regresan, en vez de agradecerles lo que, bien o mal, hicieron por él. Yo vi hombres muertos que seguían luchando, hombres que estaban técnicamente muertos desde el punto de vista físico, mental y emocional, y sin embargo sus espíritus siguieron luchando para que otros pudiéramos vivir. Pese a lo trágico de tales experiencias, las lecciones aprendidas sobre el poder del espíritu humano han sido invaluables para la vida de Wayne y para la mía propia. Hoy, cuando escucho que alguien dice: "Pero, ¿qué pasa si pierdo dinero?", "¿Qué pasa si cometo un error?", o, "¿Qué pasa si fracaso?", tan sólo pongo mi sonrisa diplomática, sacudo la cabeza y me voy. Me es difícil sentir empatía por alguien que tiene miedo de perder 10 mil dólares cuando vi a personas perder la vida.

Sin embargo, no es necesario ir a la guerra para encontrar ejemplos del poder del espíritu humano, un espíritu que todos poseemos. Hace pocos años, asistí a una competencia deportiva para personas discapacitadas. Ahí me encontré a otro antiguo compañero de clase que había sufrido la amputación de ambas piernas como resultado de un accidente automovilístico. Él tenía 50 años, no tenía piernas y participaba en la carrera de 100 yardas con sus nuevas prótesis. Corrió sin que yo pudiera notar sus limitaciones físicas. Todo lo que pude ver y sentir fue su espíritu que lo impulsaba. Mientras corría, su espíritu y el de los demás discapacitados inundó la tribuna de los espectadores. A medida que su espíritu tocaba el nuestro, casi todos comenzamos a llorar. Ése fue un nuevo recordatorio del poder del espíritu humano. Me di cuenta de que aunque yo tenía un cuerpo físico más completo que el de mi amigo, él se encontraba en mucho mejor condición física que yo. Su espíritu había convertido su limitación física en una fortaleza física, mental y emocional. Todos tenemos acceso al poder de ese mismo espíritu.

Todos tenemos fortalezas y debilidades

Como lo he explicado, nunca fui un estudiante muy dotado. No soy lo que el sistema escolar llamaría un *alumno modelo*. Tampoco poseo demasiadas virtudes emocionales debido, sobre todo, a mi temperamento airado, mi impaciencia y mi falta de atención a los detalles. Y tampoco tengo una buena disposición física. No soy un gran atleta y tampoco se me concedió una gran belleza física. Sin embargo, hoy puedo decir que he encontrado la felicidad personal y la libertad financiera gracias a que siempre he tenido presente el poder del espíritu humano. Mis dos padres —el pobre y el rico—, al igual que mi madre, tenían ese espíritu y me alentaron a recurrir a ese poder en momentos de gran incertidumbre personal. Hoy sigo vivo gracias a que, como dijo mi amigo Wayne: "Los muertos siguieron luchando." Hoy, yo soy quien soy porque me casé con una mujer poseedora de un espíritu fuerte y poderoso confió en mí y permaneció a mi lado cuando otros le aconsejaban retirarse.

De no haber sido por la fortaleza espiritual de Kim, sé que hoy no estaría donde estoy. Tampoco estaría hoy aquí si no hubiera contado con amigos que me ayudaron y apoyaron cuando caí y perdí la confianza en mí mismo. Si he alcanzado la libertad financiera, no se ha debido a mi fortaleza física, emocional o mental. Fueron las personas que me rodearon las que me motivaron a seguir adelante, aun cuando perdí el contacto con mi propio espíritu. Fui capaz de efectuar cambios y crecer para enfrentar nuevos retos tan sólo porque hubo otros espíritus que inspiraron al mío para seguir adelante. Así pues, siempre he encontrado la libertad cuando he encontrado a mi espíritu.

Hay un fragmento de un poema que suelo declamar en momentos de profunda incertidumbre y oscuridad personal. Recién supe que se trata de un poema de la escritora Ella Wheeler Wilcox, quien vivió a principios del siglo pasado. Y dice así:

Serás lo que serás.
Deja que el fracaso encuentre su falso contenido
en el mundo de los ignorantes.
Pero el espíritu, libre, lo desdeña.
Él domina el tiempo, conquista el espacio,
intimida a esa casualidad jactanciosa y embustera,
y destrona a la tirana circunstancia.
Pero ocupa el lugar de un sirviente.
La voluntad humana, esa fuerza invisible.
El retoño de un alma inmortal
que traza caminos a todos los destinos
aunque se interpongan muros de granito.
No desesperes por su retraso.
Espera como alguien que entiende que,
cuando el espíritu surge y manda,
hasta los dioses obedecen.

Fue gracias a mi espíritu que fui capaz de estudiar y de aprender a desarrollar la mente, utilizar mis emociones de la manera apropiada y emprender acciones físicas —aunque estuviese inundado por la duda— para caer y volver a levantarme.

¿Cuál es el precio de arreglar su estado financiero?

La contabilidad lleva a la responsabilidad.

PADRE RICO

Con frecuencia, escucho a gente que dice: "No quiero aprender contabilidad. No me interesa llevar un estado financiero actualizado." Estoy de acuerdo con que cada individuo debe elegir lo que desee aprender. Pero cuando escucho comentarios como éste, suelo repetir algo que decía mi padre rico: "La contabilidad lleva a la responsabilidad." En otras palabras, uno de los beneficios de aprender sobre contabilidad y de esforzarse de manera continua por mejorar sus estados financieros es que el proceso también mejora su responsabilidad para con usted mismo. Y ser responsable de usted mismo es el precio que necesita pagar si en realidad desea ser millonario.

Tras haber perdido mi primer negocio, mi padre rico me dijo: "Cuando tu auto se avería, lo llevas con mecánicos profesionales para que lo reparen. El problema con tus problemas financieros es que sólo hay una persona que puede arreglarlos, y esa persona eres tú." Después, añadió: "Las situaciones financieras son como el golf. Puedes leer libros, asistir a seminarios, contratar a un entrenador y tomar clases pero, al final, eres sólo tú quien puede mejorar tu manera de jugar." Una de las razones de que haya tan poca gente que amasa una gran fortuna es que cuando las personas tienen problemas financieros, no saben cómo salir de ellos. Nadie les ha enseñado las bases para diagnosticar su problema financiero particular. Mucha gente sabe que se encuentra en apuros económicos, pero como no puede leer un estado financiero o llevar registros financieros adecuados, no conoce la magnitud de sus problemas económicos, y mucho menos sabe cómo diagnosticarlos o arreglarlos.

Enfrentar la ruina de mi estado financiero fue una experiencia dolorosa. Sin embargo, enfrentar los problemas fue lo mejor que pude haber hecho. Al encarar mis problemas y mi estado financiero en lugar de negarlos, obtuve la mejor experiencia financiera de mi vida. Encontré justo lo que yo no sabía así como lo que necesitaba aprender para arreglar mi situación económica.

Ante los gemidos y quejidos que me provocaba mi descarrilamiento financiero, mi padre rico dijo: "Lo bueno es que cuando cometes errores, ¡los cometes en grande!" También dijo: "Si estás dispuesto a enfrentar la verdad y aprender de tus errores, aprenderás mucho más sobre el dinero de lo que yo te pueda enseñar jamás." Luego, explicó: "Cuando enfrentas tu propio estado financiero, te enfrentas a ti mismo y a tus retos financieros personales. Comienzas a descubrir lo que sabes y lo que no sabías. Cuando observas tu estado financiero, te vuelves responsable de ti mismo. Así como un jugador de golf no puede responsabilizar a nadie más de su mal puntaje, una vez que observas tus registros contables, te vuelves responsable de tu propia persona." Como dije, enfrentar y resolver mis problemas económicos fue la mejor educación que pude haber recibido porque, al hacerlo, asumí la responsabilidad de mis propias fallas. Al ver mi estado financiero, descubrí que había reprobado mis calificaciones financieras. Me di cuenta de que no era tan hábil con las finanzas como yo creía. Al mejorar esas calificaciones, supe que necesitaba más conocimientos para hacerme rico, y ése fue el precio que pagué. Yo pagué el precio porque en verdad quería convertirme en millonario.

Un pensamiento final

Existen muchas maneras para volverse millonario. Una es cancelar sus tarjetas de crédito y vivir con tacañería. Yo elegí no hacer eso porque el precio era muy alto. Otra manera es casarse con alguien por su dinero. Pude haber hecho algo así, pero el precio era demasiado alto aunque es una manera popular de enriquecerse rápido. Otra manera de hacerse rico es convertirse en ladrón, pero, para mí, ese precio es extremadamente alto. Y otra manera de convertirse en millonario es elevar su cultura e inteligencia financieras, y estar dispuesto a hacerse responsable de usted mismo, de sus resultados, de su educación continua y de su desarrollo personal para convertirse en un mejor ser humano. Ése fue el precio que estuve dispuesto a pagar para hacerme rico.

Antes de terminar este libro, por favor mire el siguiente estado financiero para recordar los puntos más importantes señalados por mi padre rico.

Resumen de lo realmente importante, también conocido como inteligencia financiera

Meta: salir de la carrera de la rata y pasar a la pista rápida al crear su propio ingreso pasivo que sea más grande que sus gastos

Declaración de ingresos

Ingreso

Descripción	Flujo de efectivo
Salario:	
Interés:	
Dividendos:	
Bienes raíces:	
Negocios:	

Auditor

Persona a tu derecha

Ingreso pasivo= _____
(Flujos de efectivo por el interés + Dividendos
+ Bienes raíces + Negocios)

Ingreso total: _____

Gastos

Impuestos:	
Hipoteca:	
Pago del préstamo escolar:	
Pago del automóvil:	
Pago de tarjeta de crédito:	
Pago del crédito en casas comerciales:	
Otros gastos:	
Gasto por los hijos:	
Pago del préstamo bancario:	

Número
de hijos: _____
(Inicia el juego sin hijos)
Número
de hijos: _____

Al banco

Gasto total: _____

Hoja de balance

Activos

Ahorros:		
Acciones/FFInv/ CCDD*	No. de acciones	Costo x acción
Bienes raíces	Pago inicial:	Costo:
Mini súper		
Negocios:	Pago inicial:	Costo:

Pasivos

Deuda buena

Hipoteca:	
Préstamos escolares:	
Préstamos para el automóvil:	
Tarjeta de crédito:	
Préstamos en centros de consumo:	
Otras hipotecas: Mini súper	
Pasivo: (Negocio)	
Préstamo bancario:	

*FF de INv = Fondos de inversión, CCDD = certificados de depósito

Apéndice

Profesión _____   **Jugador** _____

Meta: salir de la carrera de la rata y pasar a la pista rápida al crear su propio ingreso pasivo que sea más grande que sus gastos

Declaración de ingresos

Ingreso			**Auditor**
	Descripción	Flujo de efectivo	*Persona a tu derecha*
Salario:			
Interés:			
Dividendos:			Ingreso pasivo= _____
			(Flujos de efectivo por el interés + Dividendos
Bienes raíces:			+ Bienes raíces + Negocios)
Negocios:			
			Ingreso total: _____

Gastos	
Impuestos:	
Hipoteca:	
Pago del préstamo escolar:	Número de hijos: _____
Pago del automóvil:	(Inicia el juego sin hijos)
Pago de tarjeta de crédito:	Número de hijos: _____
Pago del crédito en casas comerciales:	
Otros gastos:	
Gasto por los hijos:	
Pago del préstamo bancario:	Gasto total: _____

Hoja de balance

_____

Activos			Pasivos
Ahorros:			Hipoteca:
Acciones/FFInv/ CCDD* No. de acciones	Costo x acción		Préstamos escolares:
			Préstamos para el automóvil:
			Tarjeta de crédito:
Bienes raíces	Pago inicial:	Costo:	Préstamos en centros de consumo:
			Otras hipotecas:
Negocios:	Pago inicial:	Costo:	Pasivo: (Negocio)
			Préstamo bancario:

FF de INv = Fondos de inversión, CCDD = certificados de depósito

Robert T. Kiyosaki

Nacido y criado en Hawai, Robert T. Kiyosaki es un estadounidense-japonés de cuarta generación. Tras egresar de la universidad en Nueva York, se unió al Cuerpo de Infantería de Marina (*Marines*) y viajó a Vietnam como oficial y piloto de un helicóptero de artillería. Al regreso de la guerra, trabajó para la corporación Xerox en el área de ventas. En 1977, Robert fundó una empresa que introdujo al mercado las primeras carteras de surfista hechas de nylon y velcro. Y en 1985, fundó una compañía educativa internacional que enseñó sobre negocios e inversiones a decenas de miles de estudiantes de todo el mundo.

En 1994, Robert vendió su negocio y se retiró a la edad de 47 años.

Durante su efímero retiro, Robert, en colaboración con su contadora y socia Sharon L. Lechter, escribió el libro *Padre rico, padre pobre*. Poco después, escribió *El Cuadrante del flujo de dinero*; *Guía para invertir*; *Niño rico, niño listo*; *Retírate joven y rico*; y *Rich Dad's Prophecy*, los cuales han ocupado un lugar privilegiado en las listas de libros mejor vendidos de las publicaciones *Wall Street Journal*, *Business Week*, *New York Times*, E-Trade.com y Amazon.com, entre otras.

Antes de haberse convertido en escritor de éxito, Robert creó *CASHFLOW 101*, un juego de mesa educativo para enseñar a los individuos las estrategias financieras que su padre rico le enseñó a lo largo de varios años. Fueron esas estrategias financieras las que le permitieron retirarse a los 47 años.

En 2001, se lanzó al mercado la primera serie de *Rich Dad's Advisors Books* (*Libros de los asesores de Padre Rico*). Este equipo de profesionales apoyan la idea de Robert de que "los negocios y las inversiones son deportes que se juegan en equipo."

En palabras de Robert: "Nosotros vamos a la escuela para aprender a trabajar duro por dinero. Yo escribo libros y creo productos para enseñar a las personas cómo hacer que el dinero trabaje duro para ellas. Es así como podrán disfrutar de los lujos que ofrece el maravilloso mundo en que vivimos."

La Rich Dad's Organization es el resultado de la colaboración entre Robert T. Kiyosaki, Kim Kiyosaki y Sharon L. Lechter, quienes en 1996 iniciaron un proyecto que les daría la oportunidad de ampliar la cultura financiera de gente de todo el mundo y llevar la misión de Padre Rico a todos los rincones de la Tierra.

Sharon L. Lechter

Contadora pública certificada, coautora de la serie de libros de *Padre rico* y consultora de la Rich Dad's Organization, Sharon L. Lechter ha dedicado sus esfuerzos profesionales al campo de la educación. Se graduó con honores en la Universidad Estatal de Florida con un grado académico en contabilidad y luego se unió a las filas de Coopers & Lybrand, uno de los ocho grandes despachos de contadores. Sharon ocupó varios puestos directivos en empresas de computación, compañías de seguros y casas editoriales, al mismo tiempo que mantenía sus credenciales profesionales como contadora pública.

Ella y su esposo Michael Lechter han estado casados por más de 20 años y son padres de tres hijos: Phillip, Shelly y William. A medida que sus hijos crecían, ella se involucró de manera activa en su educación y mantuvo posiciones de liderazgo en sus escuelas. Se convirtió en una activista de la "audioenseñanza" en las áreas de educación en matemáticas, computación, lectura y escritura.

En 1989, unió sus fuerzas con el inventor del "libro parlante" electrónico y lo ayudó a expandir la industria del libro electrónico hasta convertirla en un mercado internacional de muchos millones de dólares.

Actualmente, sigue siendo pionera en el desarrollo de nuevas tecnologías encaminadas a llevar nuevamente el libro a la vida de los niños de maneras innovadoras, exigentes y divertidas. Como coautora de los libros de la serie *Padre rico* y consultora de la Rich Dad's Organization, Sharon enfoca sus esfuerzos en el terreno de la educación financiera.

"Nuestro sistema educativo no ha sido capaz de seguir el paso a los cambios globales y tecnológicos del mundo actual. Debemos enseñar a nuestros jóvenes las habilidades —tanto académicas como financieras— que necesitarán no sólo para sobrevivir, sino para florecer en el mundo que enfrentan."

Como filántropa comprometida, Sharon realiza labores de voluntariado y beneficencia en diversas comunidades del mundo. Es directora de la Foundation for Financial Literacy (Fundación para la cultura financiera) y es una firme defensora de la educación y de la necesidad de mejorar los conocimientos financieros.

Sharon y Michael fueron condecorados con el premio *Spirit of the Children* por parte de Childhelp USA, una organización nacional fundada para erradicar el abuso a menores en Estados Unidos. En mayo de 2002, Sharon fue nombrada presidenta del consejo para la delegación de Childhelp USA en Phoenix.

Como miembro activo de la Women's Presidents Organization, ella tiene la oportunidad compartir sus puntos de vista con otras mujeres profesionistas de todo el país.

Su socio y amigo Robert T. Kiyosaki ha dicho sobre ella: "Sharon es una de las pocas empresarias natas que conozco. Mi respeto por ella crece cada día que trabajamos juntos."

La Rich Dad's Organization es el resultado de la colaboración entre Robert T. Kiyosaki, Kim Kiyosaki y Sharon L. Lechter, quienes en 1996, iniciaron un proyecto que les daría la oportunidad de ampliar la cultura financiera de la gente de todo el mundo y llevar la misión de *Padre Rico* a todos los rincones de la Tierra.

Este libro se terminó de imprimir en el mes de
Septiembre del 2011, en Impresos Vacha, S.A. de C.V.
Juan Hernández y Dávalos Núm. 47, Col. Algarín,
México, D.F., CP 06880, Del. Cuauhtémoc.